De la vérité en politique

Du même auteur

La France solidaire, Plon, 2012.
2012 état d'urgence, Plon, 2011.
Abus de pouvoir, Plon, 2009.
Confidences, recueillies par Estelle, Jean Véronis et Nicolas Voisin, Max Milo, 2007.
Projet d'espoir, Plon, 2007.
Au nom du tiers état, Hachette Littératures, 2006.
Oui : plaidoyer pour la Constitution européenne, Plon, 2005.
Relève, Grasset, 2001.
Hors des sentiers battus : entretiens avec Sylvie Pierre-Brossolette, Hachette Littératures, 1999.
Ils portaient l'écharpe blanche : l'aventure des premiers réformés des guerres de Religion à l'édit de Nantes, de la révocation à la Révolution, Grasset, 1998.
Henri IV raconté par François Bayrou, Perrin Jeunesse, 1998.
Le Droit au sens, Flammarion, 1996.
Henri IV, Flammarion, 1994.
La Décennie des mal-appris, Flammarion, 1990.

François Bayrou

De la vérité en politique

PLON
www.plon.fr

ISBN : 978-2-259-22021-7

Pour honorer la mémoire
de ceux qui firent
de la vérité une politique,
en particulier
Pierre Mendès France
et Raymond Barre,
ce livre leur est dédié.

« Je ne dirai aux Français que ce que je crois vrai, ce qui est facile. Je dirai tout ce que je crois vrai, ce qui est plus difficile, au risque de leur déplaire, au risque de les choquer, au risque même d'apparaître en désaccord avec tel ou tel de mes compagnons. »

Léon Blum,
serment fait le jour
de son retour de déportation

« Nous pouvons appeler vérité ce qu'on ne peut pas changer ; elle est le sol sur lequel nous nous tenons et le ciel qui s'étend au-dessus de nous. »

Hannah Arendt
La Crise de la culture

Introduction

Voilà la cataracte.

L'année 2013 commence à peine, sept ou huit mois seulement ont coulé depuis l'élection présidentielle, et nous y sommes : en quelques jours, la réalité s'est imposée. Le gouvernement a été contraint d'admettre que la croissance annoncée ne serait pas au rendez-vous, pas plus que ne serait respecté l'engagement de réduire le déficit budgétaire du pays à 3 % de notre produit intérieur. Les signes inquiétants sont les mêmes que depuis des années : notre pays est toujours aussi dépendant de l'extérieur, notre déficit extérieur s'établit à nouveau à près de 70 milliards. Des centaines de milliers d'emplois ont été détruits à nouveau cette année, comme l'année dernière et l'année précédente. Et les drames humains qui traduisent ces chiffres se multiplient : cette fois, ce sont des immolations devant les bureaux de Pôle emploi.

On devine quelle va être la nouvelle étape, qui cette fois ne pourra pas se contenter de paroles et de lénifiantes assurances. Les décisions qui, pour l'instant, ont été habilement évitées seront rudes, et il ne pourra en être autrement.

La nation va découvrir qu'il n'existe aucun moyen d'éluder les réalités, au contraire de ce qu'elle avait cru, de ce qu'elle avait voulu croire, de ce qu'on lui avait fait croire, au cours de ce printemps trompeur, comme on le fait à chaque élection.

Et la vague des déceptions et des désillusions va gonfler, comme elle a si souvent gonflé dans notre pays. De sourdes révoltes s'amplifient au sein du peuple qui se sent trompé et qui constate que ses gouvernants, comme les précédents, et ceux qui venaient avant encore, l'ont bercé d'illusions.

La thèse de ce livre est que la vérité dite au peuple, partagée avec le peuple des citoyens est la clé de tout redressement.

Or depuis des années c'est la vérité qui a été chassée. C'est parce que la vérité a manqué dans le débat, et qu'on a manqué à la vérité, que la France est entrée dans l'impuissance politique.

J'appelle ici vérité une juste vision du réel, dont les acteurs politiques connaissent parfaitement les lignes directrices et les détails, et que pourtant ils évacuent ou ignorent chaque fois qu'ils se présentent devant le peuple au moment où il est appelé à décider de l'avenir. Qu'ils connaissent parfaitement, précisément, et qu'ils évacuent pour des raisons électorales.

C'est faute de respect pour cette vérité du réel lors des campagnes électorales que tous les pouvoirs, les uns après les autres, sont par la suite incapables de prendre les décisions nécessaires et trahissent la confiance, chaque fois plus faible, que leur accordent les citoyens.

On peut résumer à la lumière de ce constat les quinze ou vingt dernières années de notre vie politique. Pendant ces piètres décennies, la France, notre pays, qui apparaissait comme la nation majeure en Europe, a vu se désagréger son modèle politique, social, de services publics, d'État efficace et désintéressé, de collectivités locales lisibles, d'industries puissantes, d'éducation aimée et soutenue par la nation.

Les problèmes qui étaient les nôtres étaient parfaitement identifiables et solubles. Nous les avons systématiquement repoussés et éludés. Parce que nous avons refusé de regarder la vérité en face et que notre système politique a conduit les gouvernants à préférer les succès électoraux à court terme, ou la tranquillité, à la franchise des politiques tranchées.

Ce n'est certes pas la première fois dans l'histoire qu'un pays s'enlise faute de courage pour affronter le réel et ses contraintes.

Il y eut un débat formidable, au sens terrifiant du mot, le 12 novembre 1936, à la Chambre des Communes britannique.

Winston Churchill est alors sans doute le plus impopulaire et le plus décrié des hommes politiques anglais, accusé par les uns d'avoir changé de camp et par les autres d'être resté ce qu'il était. Mais il se bat. Et son combat, depuis des années, envers et contre tout, c'est le combat pour que l'Angleterre ouvre les yeux sur le danger nazi et construise les armes qui pourront sauver le Royaume-Uni lorsque le prédateur attaquera.

Ce jour-là, alors que désormais se font entendre venant d'Allemagne les rumeurs guerrières, que la Hongrie s'aligne sur le Reich, que Hitler et Mussolini viennent d'annoncer leur alliance et de définir l'Axe Rome-Berlin, et que l'on découvre chaque jour davantage l'impréparation de l'Empire britannique, Churchill se lève et interpelle le Premier Ministre Baldwin, chef du parti conservateur. Il l'accuse d'avoir, depuis des années, renoncé à défendre devant ses concitoyens l'urgence du réarmement britannique. Il ne pouvait pas ignorer la situation : pourquoi a-t-il partagé sans rien dire l'aveuglement général ? Alors Baldwin se lève à son tour, et annonce qu'il va lui répondre, ce sont ses propres termes, avec une « effroyable franchise » ! « J'étais le chef d'un grand parti. Vous vous rappellerez qu'à cette époque, en 1933 et 1934, il y avait dans le pays un sentiment pacifiste plus fort qu'à aucun moment depuis la Grande Guerre. Si j'étais allé aux élections en disant au peuple britannique que l'Allemagne réarmait et que nous devions réarmer aussi, qui peut croire que j'aurais eu la moindre chance de rallier le pays à cette idée ? Je ne peux rien imaginer qui ait pu rendre de mon point de vue la défaite dans cette élection plus certaine ! »

Je ne connais pas de texte qui résume aussi franchement, en aussi peu de mots, et aussi dramatiquement le dilemme, au fond le choix de vie que porte la politique.

Aller dans le sens de ce que le peuple veut entendre, ou lui dire, même s'il n'est pas prêt à l'entendre, la vérité qui l'obligera à l'effort ? L'intérêt électoral, ou l'enjeu historique ? Homme politique tourné vers les gains électoraux à courte vue, ou citoyen de plein exercice, homme d'État (c'est au fond la même chose), tourné vers les menaces que l'histoire impose à l'humble vie des hommes, il faut choisir.

Spécialement quand les temps deviennent menaçants. Et chez nous ils le sont plus que jamais.

Le même débat est à l'œuvre au sein de notre démocratie. Il y a eu ces dernières années deux visions de la situation de la France, dont chacune porte à des prises de conscience différentes.

Pour les uns, le plus grand nombre, certes ça n'allait pas très bien, mais après tout, notre pays en avait vu d'autres, et l'un dans l'autre il aurait été excessif de trop s'inquiéter. C'est assez souvent la position des peuples qui espèrent, même s'il faut s'en remettre à des demi-charlatans, que les nuages vont se dissiper. C'est aussi, majorité de gauche après majorité de droite, la position des gouvernants, de ceux qui chacun à leur tour sont au pouvoir, et qui préfèrent – encore un moment, Monsieur le Bourreau ! – la prolongation de leur bail dans les palais de la République plutôt que le risque de la lucidité. Ma vision n'était pas celle-là. Ce que j'ai vu, et que j'ai sans cesse indiqué aux Français, depuis des années, au moins depuis le début des années 2000, aussi sûrement que l'on sent le soleil sur sa peau ou la pluie sur son visage, c'est une France qui accepte que sans cesse s'affaiblissent ses forces et s'aggravent ses fragilités.

Je n'ai nullement un tempérament de Cassandre. J'aurais préféré voir l'avenir en couleurs pastel, rose bonbon ou bleu layette. Mais je crois ce que je vois et ne puis faire autrement. Quand je vois vraiment venir un danger, quitte à déranger mes contemporains, je suis incapable de feindre de l'ignorer. Et quand j'aperçois un risque collectif, quand je l'identifie avec certitude, je le nomme et j'alerte. La fonction de veilleur est une part de la vocation politique.

C'est sans doute aussi qu'il y a quelque part au fond de moi un optimiste indéracinable. Je pense que quels que soient les dégâts, si l'on voit clair sur les causes de l'accident ou des dérives, l'on peut toujours reconstruire, surtout dans un grand pays, au sein d'un grand peuple chargé d'histoire et de séculaire réussite.

Garder les yeux ouverts pour ne rien céder aux illusions, définir des réponses pratiques, mobiliser les volontés, écarter les divisions qui paralysent : telle est en quatre points ma ligne de conduite.

En tout cas, le scénario que depuis 2002 j'annonçais inéluctable s'est réalisé pour ainsi dire à la ligne près. Comme une mécanique implacable. Dans la plupart des domaines où se joue le combat des grandes économies, notre pays ne tient plus sa place ou de moins en moins. Toutes les activités de production sont en berne, mis à part l'agroalimentaire, le luxe et l'aéronautique (ce qui prouve au passage que le succès était accessible, au prix d'une juste et ambitieuse stratégie). Ne produisant plus, il est contraint d'emprunter pour vivre. Depuis quinze ans au moins, la dette n'a cessé de grossir. Les déficits qui la constituent se sont accentués. La pression s'est faite toujours plus forte sur les gouvernants. Les responsables successifs ont choisi de la laisser dériver pour préserver encore un peu de temps le modèle social et de services publics que notre économie affaiblie ne parvient plus à financer. Pour faire face à la charge de la dette et essayer de la réduire, il a fallu augmenter discrètement d'abord, puis massivement, les impôts qui pèsent sur les entreprises et sur les ménages. Le découragement des créateurs s'exaspère. C'est un cercle vicieux éperdu, et dont l'affolement ne cesse de croître.

Par voie de conséquence, faute de moyens, de pouvoir d'achat et d'emplois, le tissu national s'est effiloché et souvent déchiré. Le chômage de masse, aux victimes innombrables, est la conséquence immédiate de cet effondrement. L'immigration de la misère aussi bien que les échecs de l'intégration multiplient les abcès de fixation. L'islam en progression est vécu comme une agression par des pans entiers de l'opinion. L'antisémitisme resurgit et nombreux sont les juifs de France qui se sentent menacés. L'école, notre force et notre fierté, paraît impuissante à remplir ses missions élémentaires de transmission pour une part importante des enfants. Elle se divise sur ce qui est second, les rythmes scolaires par exemple, ou la sempiternelle question des moyens, et n'aborde même pas les questions essentielles : quelle pédagogie, quel soutien pour que dès le plus jeune âge les fondations du savoir soient posées ? Nous acceptons dans nos villes des ghettos et ce sont les plus jeunes qui y sont relégués. Des villes entières, des quartiers entiers en tout cas, vivent l'insécurité quotidienne. L'idée de France, au lieu d'être un creuset, devient objet de division et l'on agite les drapeaux de la nation comme s'il s'agissait de l'emblème d'un parti. Il n'est aucun des grands piliers de la nation qui ne se trouve déstabilisé par cet ébranlement, la santé, la justice, l'université. Et l'État régalien lui-même, dans ses fonctions d'ordre et de sécurité, dans son armée[1] *ou sa diplomatie, se vit comme un dernier carré.*

C'est un désastre à bas bruit, un crash au ralenti.

Mais il est vrai qu'on le supporte. On s'habitue.

Chacun s'inquiète, mais pour son compte.

Les files d'attente à Pôle emploi, sans que personne ait la moindre illusion sur l'aide réelle qu'il recevra, et l'immense souci des mères et des pères, soit comme parents au chômage, soit pour le compte de leurs enfants sans emploi, traduisent seuls le sort de cette société aux bras ballants. Mais au lieu de l'inquiétude individuelle, portée presque comme un remords, il faudrait que se forme l'inquiétude collective. C'est collectivement que la France s'est mise en échec : il faut libérer de cette culpabilité les jeunes qui se croient défaillants et les parents rongés de souci.

1. Moins en ces temps d'intervention, ce qui prouve que tout est réversible.

À chaque échéance électorale, les postulants rivalisent d'ingéniosité pour annoncer l'embellie. La condition de l'éclaircie qu'ils annoncent étant toujours la même : que l'on vote pour eux et que l'on en dise le moins possible au pays des désagréments de sa situation. Et chaque fois ils échouent, créant chaque fois une nouvelle vague de désenchantement.

Telle est l'image des pouvoirs politiques aujourd'hui, tous les pouvoirs politiques, quelle que soit leur étiquette : vanité des mots et tromperie. Ce constat fait baisser les bras aux uns et plonge les autres dans la colère. Tableau dangereux car l'impuissance est intolérable en démocratie. Il faut donc aller aux racines de cette impuissance pour la conjurer.

L'exclusion de la vérité du débat public, l'aveuglement volontaire et collectif qui est la marque de la politique française depuis plusieurs décennies, et qui a été particulièrement la marque de la campagne présidentielle de 2012, ne sont pas dus au hasard et pas seulement à la faiblesse de caractère des politiques. Tout cela est aussi la conséquence mécanique de notre système politique et de nos institutions.

C'est pourquoi la question de la vérité dite au peuple, partagée avec les citoyens, sera bien la question clé des années que nous allons vivre.

Les politiques qui méprisent la vérité, en la considérant comme une naïveté ou comme une faiblesse, s'ils se croient habiles et machiavéliens, en fait se trahissent eux-mêmes. Doublement. D'abord parce qu'ils portent un coup mortel au contrat de confiance avec le citoyen qui est leur seule légitimité. Et ensuite parce que les temps que nous vivons et que nous allons vivre exigent une action réformatrice d'une telle ampleur qu'elle est inimaginable sans l'adhésion active des citoyens. Or cette adhésion ne peut être atteinte que si le citoyen a été suffisamment estimé pour être associé à la décision, d'une manière ou d'une autre, et d'abord parce qu'il aura été justement informé de la réalité et précisément averti des décisions à prendre. C'est ce que dit Jean Peyrelevade le jour où il annonça qu'il avait décidé de me soutenir : « Je ne sais pas si on peut gagner en disant la vérité, mais je suis certain qu'on ne peut pas gouverner si on ne l'a pas dite. »

Nous n'avons en notre démocratie qu'un recours contre le déclin. C'est la conscience d'un peuple qui se rassemble et qui se noue pour former une volonté. Et une conscience collective ne peut pas se former dans l'aveuglement soigneusement entretenu.

À plusieurs reprises, on a pu croire que la France politique, majorité ou opposition, allait saisir la chance d'une reconstruction à partir de la vérité. Au début des années 90, Michel Rocard entreprit un effort de sincérité et de pédagogie, qui visait à mettre sous les yeux des citoyens le problème des retraites, et celui du financement de la protection sociale. Mitterrand en fut très vite insupporté. Alain Juppé s'avança avec témérité à l'automne 95 pour traiter la question des régimes spéciaux en même temps que la question plus large de l'équilibre des régimes de retraite. Il fut contraint d'abandonner son projet. Très tôt, au début du quinquennat précédent, le Premier ministre de l'époque, François Fillon, déclara au pays qu'il se trouvait à la tête d'un État « en faillite ». C'était courageux et juste. Il se fit taper vigoureusement sur les doigts[1]*. La formule fut reprise au début de l'année 2013 par Michel Sapin. Dans l'heure qui suivit, il fut contraint de se démentir. Lors de la préparation des primaires du PS de 2011, celui qui était à l'époque un outsider délaissé, François Hollande, expliqua sans fard qu'un excès d'imposition serait un signal négatif, nuisible, et ferait perdre bien davantage au pays que cela ne rapporterait à son budget. C'était la vérité. Malheureusement, devenu le candidat du parti, il choisit une tout autre ligne en affichant des taux de 75 % pour*

1. Reste à éclaircir si on lui reprocha davantage d'avoir utilisé les mots « faillite » ou « je suis à la tête d'un État »...

les revenus du plus haut de l'échelle, au risque même de l'inconstitutionnalité.

Toutes les chances successives de correction à partir de la vérité, aussi minces qu'elles aient été, ont échoué.

Il est impossible que cela dure. Les dégradations s'accélèrent sans trêve. Et il est impossible qu'on s'en sorte dans l'habituel train-train du bipartisme. La dernière alternance pouvait peut-être encore laisser quelques Français espérer. Dix ans de pouvoir de la majorité précédente et les traits de caractère souvent marqués d'excès de Nicolas Sarkozy, c'était assez pour que certains mettent leur espoir dans le changement en soi. Aujourd'hui, tout le monde a sous les yeux les résultats de notre système politique usé jusqu'à la corde. La gravité de la situation est impressionnante. Elle sera dans quelques semaines ou quelques mois au maximum accablante. On constatera alors que notre organisation politique, dominée par l'affrontement absurde de deux camps profondément déchirés en leur sein, est largement responsable de l'impuissance généralisée.

C'est donc d'une manifestation de volonté que le pays a besoin, d'une prise de conscience et d'une remise en cause des tics et des vices de son système politique, fondé sur une pratique généralisée du mensonge, du bluff, de l'abêtissement collectif du bipartisme et du déni de réalité.

Si les dirigeants ne l'assument pas, en prenant conscience enfin de l'urgence des choses, les citoyens l'imposeront de la manière la plus brutale : ils renverseront la table en se tournant vers les extrêmes. Nous risquons alors les conséquences les plus graves pour notre pays et pour l'Europe tout entière. Ce sera le pire. Et après le pire, qui ne durera pas longtemps, il faudra tout reconstruire, dans des circonstances rendues d'autant plus difficiles encore par l'accumulation des erreurs passées. Il faudra une génération pour que la France s'en remette.

Il existe heureusement une autre issue que ce scénario du pire.

Un changement volontaire des conditions d'exercice du débat et du pouvoir ; la vérité dite aux citoyens, sans dissimulation et sans ruse ; une vision et une stratégie clairement assumées devant la nation ; la réunion dans un mouvement d'urgence des femmes et des hommes conscients et, s'il se peut, des courants politiques responsables, chacun conservant son identité, mais acceptant pendant un temps de s'accorder sur les priorités qu'impose l'urgence ; un tournant solennel ouvrant sur de nouvelles institutions et de nou-

veaux comportements politiques ; telles seront les conditions d'un redressement énergique.

Il n'est pas d'autre choix si l'on veut préserver l'équilibre de notre pays et la paix civile. Il y faudra du courage, c'est entendu. Et d'abord le courage de rompre avec les habitudes confortables et d'adopter de nouvelles pratiques avec résolution et gravité.

Mais la dégradation persistante, accélérée et, au bout du compte, honteuse et salissante de la situation de la France, sur laquelle personne ne semble plus avoir prise, doit être intolérable à tous, même aux plus conformistes. Le courage, au bout du compte, est plus accessible que la résignation à cet échec continu.

Il est arrivé plusieurs fois dans notre histoire que s'impose l'évidence des derniers recours. Ce livre est écrit pour contribuer à la réflexion des citoyens qui n'en peuvent plus et pour les encourager à ne plus se laisser trimbaler dans un jeu devenu stérile.

À l'instant où ils en seront conscients, ce sera leur heure. L'heure de vérité, ou plus exactement l'heure de la vérité qu'on leur doit.

La vérité en politique n'est pas seulement une vertu civique. Elle est devenue, contrairement à ce que croient les cyniques ordinaires, la condition même de l'adhésion des citoyens, donc de l'exercice utile et efficace du pouvoir.

La démocratie ne supportera plus le mensonge

C'est un chauffeur de taxi original. Il a dépassé l'âge de la retraite. Mais faute d'avoir pu, au long d'une vie professionnelle chahutée, se constituer une pension convenable, il travaille encore, et c'est avec allégresse, puisqu'il a décidé de ne jamais s'arrêter. C'est que par ailleurs il est artiste : il a été cinéaste, peut-être l'est-il encore. Il me raconte le film qu'il réalisa dans les années d'après 68 sur les écoles autogérées. Il a un petit rire, indulgent, pour les emballements du soixante-huitard qu'il fut. D'origine, il est grec. D'accent aussi, on ne peut l'ignorer. Il me raconte qu'il lit *Le Monde* tous les jours, « pas comme tant, pas distraitement, mais ligne à ligne ». La langue française est sa fierté qu'il parle avec précision et nuance.

Il apprécie, dit-il, que je respecte moi aussi notre langue. Avec cruauté et pittoresque, il cloue au pilori sur ce sujet quelques-uns de mes congénères politiques. Visiblement, il cherche à me faire plaisir : il a dû faire, en plus du cinéma, un peu de psychologie élémentaire...

Puis à brûle-pourpoint : « Vous savez ce qui n'a pas marché dans votre dernière campagne ? »

Je hausse le sourcil. Les responsables politiques, principalement en période de difficultés, ne manquent pas de conseilleurs bénévoles, qui savent exactement, après coup, ce qu'il aurait fallu dire, et faire, et décider. Je m'arme donc de la patience qui me fait si souvent défaut.

— Vous, vous croyez qu'il faut dire la vérité ! Or, la démocratie, depuis que le monde est monde, ce n'est pas la vérité. La démocratie, c'est raconter, une fois tous les quatre ou cinq ans, de belles histoires pour faire rêver les gens. Ou alors, dire beaucoup de mal de ceux qui sont en place et qu'ils n'aiment pas. Dans un cas ils rêvent, ils sont contents. Dans l'autre, ils vident leurs querelles, ils se vengent. Dans les deux cas, espoir ou colère, ils vivent par procuration. Mais ce n'est pas la vérité qui les intéresse. Et même, ils en ont peur, ils n'aiment pas ! »

Je souris en pensant que mon interlocuteur est grec. Il peut parler de la démocratie : il l'a inventée, en tout cas ses lointains aïeux, il y a deux mille cinq cents ans. Ce sont ses ancêtres immémoriaux qui ont les premiers mis en application cette idée saugrenue et bouleversante de confier aux citoyens le choix de leur stratège, et donc de leur destin.

Moi-même, je ne suis pas sans références. Mes lointains aïeux à moi, sur les contreforts des Pyrénées, ont inventé la première expérience démocratique de l'ère moderne : représentation du peuple par des délégués élus dans une Assemblée, droit de veto de cette Assemblée sur les décisions du souverain, obligation d'investiture par l'Assemblée avant que le souverain n'ait le droit de régner, *habeas corpus* (interdiction de mettre en prison sans jugement)[1], égalité devant l'impôt, constitution écrite, sous le nom de *Fors*[2], le tout dès le XIe siècle, il y a mille ans !

Mon chauffeur-cinéaste-interlocuteur a des titres à faire valoir sur la démocratie, des titres de deux mille cinq cents ans. Mais avec une

1. Plusieurs siècles avant les Anglais, qui lui donnèrent force de loi en 1679, avec l'*habeas corpus act*.

2. *For d'Oloron*, 1080, *For de Morlaàs*, premières années du XIIIe siècle.

interruption de plus de vingt-quatre siècles. J'ai des titres de mille ans. Sans interruption. Ce n'est pas négligeable si l'on considère la longue chaîne d'audace dont nous héritons. Le hasard et la pluie nous ont réunis dans cette voiture dans les rues de Paris, et nous sommes quelque chose comme les représentants, pour l'un sceptique, pour l'autre confiant, des deux plus anciennes démocraties de la planète.

J'ajoute qu'à ma défense de la vérité il ne veut rien entendre, têtu comme un Grec...

On nous a menti avec application depuis des années, depuis des lustres et des décennies. Plus exactement, on a laissé le pays se mentir à lui-même, et on l'a encouragé à se mentir.

À chaque élection, pour ne prendre que les vingt dernières années, les candidats promettent en sachant pertinemment que la situation ne leur permettra pas d'honorer leurs promesses. C'était déjà le cas en 1995. Chirac, pour combattre la « fracture sociale », annonçait un épisode de largesses : il ne fallut pas attendre plus de cinq mois pour que les facilités promises se transforment en « rigueur », en économies forcées, et que le plan Juppé, juste et courageux dans son inspiration, mais jamais annoncé durant la campagne, déchaîne les grandes grèves de décembre. Jospin en 1997, sous l'étendard de la réforme emblématique des 35 heures, présente sa victoire comme le chemin le plus sûr pour terrasser le chômage. Il aura d'abord la chance de rencontrer un puissant courant de croissance mondiale. Mais quelques mois après, la fermeture de l'usine Renault de Vilvorde et l'aveu de son impuissance à empêcher les licenciements chez Michelin, « l'État ne peut pas tout », ramènent à la réalité les électeurs désenchantés : Lionel Jospin ne sera pas présent au second tour de 2002. La promesse de Jacques Chirac, élu en 2002 avec plus de 80 % des voix face à l'extrême droite, c'est la fin de l'insécurité, la baisse des impôts et le recul du chômage. On aura les émeutes en banlieue en 2005. 70 % des Français porteront un jugement négatif sur la politique de l'emploi. Et, manifestation suprême de défiance, on aura le « non » au référendum sur la Constitution européenne avec près de 55 % des suffrages. C'est le « plombier polonais » qui focalise alors sur ce front la crainte des Français. Ceux qui avaient participé à combattre Balladur dix ans auparavant sur le « SMIC jeunes » se trouvent eux-mêmes rejetés sur le CPE, conduisant à la situation baroque où Jacques Chirac président de la République annonce que la loi qu'il a demandée à son gouvernement, qui a été votée, qu'il a promulguée ne sera pas appliquée ! Et quant au quinquennat de Nicolas Sarkozy, il devait apporter le plein emploi et la « croissance avec les dents ». On sait ce qu'il en advint.

Les gouvernants comprennent-ils que tant de promesses trahies, tant d'affirmations péremptoires, tant de tromperies acceptées et organisées sont le plus terrible abrasif de la démocratie ?

Que ne comprennent-ils que plus personne n'a confiance ! Qu'il n'est pas une table de famille, pas une tournée au bistrot dans laquelle leur parole ne soit mise en doute et entourée de défiance.

On attend, et on va attendre de plus en plus impatiemment, des responsables qui prennent leurs responsabilités, des dirigeants qui parlent la langue du réel et qui prennent les citoyens pour ce qu'ils sont, des adultes à qui il convient de parler une langue pour adultes. Spécialement si ces citoyens sont très jeunes.

Cela ne veut nullement dire une langue triste, un discours pessimiste, un regard abattu ! Au contraire, plus on dit la vérité, plus il faut animer le courage, la volonté, l'envie de vivre, qui seuls permettent de saisir le réel et de le changer ! Le rire est bon, l'humour aussi, le sérieux et le grave peuvent être assis à la même table. Refuser l'illusion, c'est armer la volonté, et la volonté est vitalité et générosité.

Où était le principal du mensonge collectif que nous avons accepté, que notre système politique a encouragé ?

Le principal de ce mensonge était que nos difficultés venaient d'ailleurs, et pas de nous-mêmes, de l'extérieur et pas de l'organisation même de la société française.

Nos difficultés et nos échecs étaient toujours le résultat de forces extérieures : la finance internationale, la crise, les *subprimes,* l'Europe, l'euro, l'Allemagne, les immigrés récents et les immigrés anciens, les riches, les profiteurs du système... Toujours il a fallu chercher un bouc émissaire, un responsable à montrer du doigt.

Et jamais personne ne met en cause la manière dont nous avons au travers du temps construit notre maison.

Il suffit pourtant de regarder la réalité comme elle est pour faire un bilan sans appel : notre pays, à conditions égales de conjoncture internationale, de taux de change de l'euro, de rythme de la croissance, fait moins bien que tous les autres pays qui étaient il y a quelques années au même niveau que le nôtre.

C'est bien que les handicaps, les blocages et les freins sont nationaux, français, hexagonaux, intérieurs. Et c'est donc bien qu'il nous appartient de les identifier et de les résoudre par un mouvement de volonté intérieure.

La question de la vérité en politique m'occupe et me fâche depuis les années de ma jeunesse.

Non sans qu'il en résulte parfois une assez violente frustration. C'est pour moi une stupéfaction jamais apprivoisée de constater que, parmi les politiques mes contemporains, la majorité, la presque unanimité, non seulement s'en moque éperdument, ce qui ne serait que moindre mal, mais considère sérieusement que la vérité, ce n'est pas la question de la politique. Pour eux, la question de la politique, c'est la prise du pouvoir, ou manière plus élégante de s'exprimer, le *rapport de forces*. Prenons le pouvoir d'abord, pense-t-on dans leurs rangs. Et il sera bien temps après de voir ce que nous en ferons. On verra bien. On trouvera bien. Il se produira de toute façon assez d'événements pour nous fournir les prétextes et les justifications à changer de cap. Et de toute façon, les peuples, n'est-ce pas, n'ont pas de mémoire...

Les entourages, les conseillers en communication, les *spin doctors*[1], les agences, les

1. Les *spin doctors* (littéralement « docteurs en effet », l'effet qu'on donne à une balle au tennis par exemple) sont

commentateurs font chorus : ce qui les impressionne, ce qui les excite, c'est le succès, le sondage, les points que l'on gagne à force de bluff, l'habileté des prestidigitateurs et des menteurs. Ils sont en politique comme au spectacle. Ils veulent qu'on les épate.

Mais il y a plus grave encore : tout se passe comme si les peuples, la cohorte des citoyens, au fond, était d'accord avec cette légèreté. Comme si, au fond, ils donnaient raison à qui les trompe. La réalité n'est pas si emballante, grave comme elle est, lourde de soucis : qu'on nous en soulage en nous faisant croire un moment aux lendemains qui vont chanter, en nous donnant notre dose de poudre de perlimpinpin. Tout se passe comme si le peuple, adonné aux divers instruments de la distraction, *addict* au divertissement, donnait son assentiment à la tromperie dont il est la victime. Consciemment. Ou en tout cas, pas vraiment contre son gré, pas vraiment inconsciemment.

Le premier *Don Juan* n'est pas de Molière. Il est même antérieur de plusieurs décennies, œuvre du moine espagnol Tirso de Molina.

---

les conseillers en communication qui cherchent à présenter leur client sous son meilleur jour, notamment en forgeant de belles histoires à son propos (*storytelling*).

Le titre de l'œuvre originale est *El Burlador de Sevilla*, le trompeur de Séville. Nous vivons, en notre démocratie médiatique, comme si dans l'inconscient collectif séduction et tromperie se trouvaient indivisiblement liées. Nous voulons des séducteurs d'abord. Nous acceptons que la séduction soit dans la tromperie. Nous considérons donc comme inéluctable que tous les séducteurs nous dupent. C'est le prix à payer, sans doute. Tout se passe donc comme si le peuple, ou une partie importante du peuple en tout cas, *consentait* au mensonge qui l'abuse, et d'une certaine manière, obscurément, comme s'il le souhaitait. Comme s'il aspirait à la démagogie.

Or le consentement à la démagogie, c'est la perversion et la négation de la démocratie à l'endroit où cela fait le plus mal : à son principe même.

Il est vrai que c'est une bien drôle d'idée, la démocratie ! Que l'on puisse imaginer que les peuples aient la faculté de se conduire eux-mêmes, de leur seule volonté, mystérieusement émergeant de débats interminables, ne faut-il pas une sacrée dose d'idéalisme, ou de naïveté, pour y souscrire ? La stricte égalité parmi les citoyens entre celui qui sait et celui qui ne sait pas paraît une absurdité et constitue en tout cas une considérable objection : pour la surmonter, il faut supposer qu'il est une secrète sagesse dans le peuple, capable de diriger ses choix, dès l'instant qu'il est informé, complètement ou au moins correctement, de la situation qui est la sienne.

La démocratie est bien plus problématique que la monarchie. Elle suppose le peuple éclairé, au moins autant, et bien davantage sans doute que la monarchie suppose que soit éclairé le souverain.

Si le peuple est souverain, ce que proclament nos textes fondateurs, s'il doit décider de son destin, il faut qu'il soit traité comme le monarque en monarchie, comme le roi en son Conseil, lorsque les ministres sont décidés à le servir et à former son avis, lorsque tout le monde sait que le pays dépendra de son choix.

Si le ministre et le conseiller du prince lui dissimulent la réalité, ce sera une forfaiture et on leur coupera la tête. Le régime ne tient que parce qu'il n'est pas imaginable que l'on dissimule la réalité de la situation à celui qui va décider pour tous. On le nourrit donc de notes précises. On lui fournit les rapports des services de renseignement. On lui procure tous les éléments pour qu'il prépare son jugement.

C'est ainsi précisément qu'on devrait traiter le peuple des citoyens, proclamé souverain de son propre destin. L'essentiel de l'exercice démocratique devrait être consacré à éclairer le peuple souverain avant qu'il ne prenne sa décision.

Et voilà que c'est le contraire qui est devenu la règle. L'essentiel de l'exercice démocratique consiste désormais à hypnotiser le peuple, souverain qu'on veut plonger en dépendance, à l'hypnotiser par tous les moyens disponibles, par la séduction, le mensonge, la dissimulation, la manipulation ou l'excitation de ses passions primaires, pour qu'il appose, les yeux clos et noyés, sa signature sur le chèque en blanc que l'on attend de lui.

Ce manquement n'est pas anodin. Il est un poison systémique, comme ces herbicides dont il suffit de jeter une goutte sur une feuille pour que la mort pénètre jusqu'à la racine de la plante. Il ne trouble pas l'exercice de la démocratie, il la ruine dans son principe.

Trop souvent, on croit, de bonne foi, que la démocratie est seulement un régime politique, (un peu) comme les autres, une certaine organisation de la sélection des gouvernants et de la remise en cause périodique de leur pouvoir.

Cela, c'est la démocratie *de surface.*

Mais la démocratie, ce n'est pas de la surface, c'est du fond, et même du profond. Ce n'est pas seulement un régime politique. Elle ne se distingue pas seulement des autres régimes, absolutisme ou dictature, monarchie, qui est gouvernement d'un seul, oligarchie, qui est gouvernement d'une petite élite. Tous ces régimes, elle les dépasse et les refonde. Car elle est une conception de l'homme et de la société.

La démocratie suppose que l'individu est, ou peut être, un citoyen conscient, et que parce qu'il devient conscient, la société tout entière, constituée en peuple citoyen, en corps politique, peut prononcer pour elle-même et pour ses enfants, pour son avenir, les justes choix.

Et cette progression de la conscience chez le citoyen individuel, femme ou homme, quels que soient son âge et sa condition, entraîne une solidarité et une élévation nouvelle de la société tout entière. La société ira mieux si on la considère digne d'être prise par le haut.

C'est bien sûr un défi au sens commun, au brave bon sens. Tous ces gens, qui se trompent individuellement à qui mieux mieux, sur tous les sujets publics et privés, dès l'instant qu'ils décideraient ensemble se trouveraient d'un coup pertinents dans leurs choix ?...

Ce pari irraisonnable ne se justifie que parce qu'il réalise un idéal, un idéal dont dépendront par la suite tous les rapports sociaux.

Les faire tous responsables, tous maîtres, pour leur part et à part égale du destin commun, du destin des leurs, c'est les hisser hors de la condition de sujets, de soumis, pour qu'ils retrouvent la fierté des maîtres et des égaux que la vie les empêche si souvent d'être. Et c'est postuler que si l'on libère en chacun d'eux le maître et l'égal qui est sa vocation d'homme, alors on libère en même temps mille talents, mille forces, mille dons que la soumission écrasait. C'est penser que quelle que soit la condition où nous sommes assignés, il est en nous un trésor enfoui, qui peut être découvert si on le recherche. Et c'est croire que la société est plus riche, plus ouverte, plus entreprenante et plus créative dès l'instant que ces dons sont libérés !

Pas toujours, et même pas souvent responsables pour leur propre destin personnel. Pas toujours et même pas souvent souverains dans leur propre vie. Souvent en échec. Souvent décidant à tort et à travers. Mais dès l'instant qu'ils sont investis de la responsabilité de l'ensemble, de toute la famille et de toute la communauté, et de la nation, alors ils retrouvent la part de souveraineté qu'il y a en eux et que ne leur offrait ni leur expérience, ni leur compétence propre, ni l'âge, ni la vie traversée, ni la formation, ni la capacité professionnelle ou personnelle.

Tel est le pari, l'audace, la raison d'être, la philosophie profonde de la démocratie. C'est une philosophie de la libération. Pas seulement de la libération des pouvoirs abusifs, mais de la libération des dons cachés que la vie dissimule et que la souveraineté attribuée au citoyen libère.

La vérité en politique n'est donc pas un plus, ni même un mieux. Elle est la condition même de la démocratie.

La vérité en démocratie

« Mais qu'est-ce que la vérité ? Chacun a sa vérité, vous le savez bien ! », répondent en chœur les gobe-mouches.

C'est que l'on confond la vérité des faits, l'indéniable massif de la réalité, et les opinions qui sont changeantes et diverses. Il est naturel que chacun ait son idée de l'avenir, des options à prendre, des choix à faire. C'est le débat et la controverse.

La vérité que recherche la démocratie n'est pas l'extinction des opinions, ni du débat. Cette vérité est plus modeste : il s'agit d'établir des faits, à partir desquels se construiront les opinions.

La vérité qui sauvera la démocratie, ce n'est pas l'opinion toute faite, déjà écrite, que les citoyens seraient obligés d'absorber. Ce totalitarisme sourd, c'est celui que la démocratie rejette.

La vérité qui sauvera la démocratie, c'est l'exploration patiente de la réalité avec laquelle il faudra que toutes les opinions vivent. Le citoyen doit être décideur informé et pas consommateur gavé. Il a le droit d'avoir les yeux ouverts, sans être aveuglé par les projecteurs et rendu sourd par les décibels de l'orchestre.

La mise à disposition du citoyen des éléments de connaissance qui sont ceux des décideurs, c'est le minimum qu'on doive exiger du débat public.

Cela n'enlève rien de son droit à la passion, à l'engagement, à l'imagination. Mais le premier des droits du citoyen, c'est le droit de ne pas être, de manière organisée, habituelle et consciente, trompé par les cyniques.

Et cette vérité-là, la description humble et robuste du réel, on doit postuler qu'on peut l'atteindre.

Au fond, l'aspiration à la vérité en politique, l'affirmation que cette vérité des faits est accessible, que le peuple peut en être informé, n'est pas fondamentalement différente de l'exigence de laïcité dans l'enseignement. La laïcité de l'enseignant exige que, quelles que soient ses opinions personnelles et ses croyances, il fasse cheminer l'esprit de ses élèves dans le domaine qu'il doit leur faire découvrir, sans que leur découverte et leur jugement soient le moins du monde troublés ou détournés. Croyant, il devra cependant transmettre et expliquer *de l'intérieur* le cheminement de Voltaire. Les élèves comprendront, du point de vue de l'irréductible de Ferney, ce qu'il signifie quand il inscrit « écr. l'inf... »[1] en signant ses lettres et en concluant les pages de ses carnets. On lui fera découvrir ce qu'était la pression du dogme, et celle de l'Église comme institution et l'aspiration à l'émancipation qui mobilise cet esprit libre. Agnostique ou athée, il entrera cependant avec ses élèves dans le monde de Pascal, depuis son enfance d'explorateur génial qui fait de lui, à peine adolescent, l'égal des plus grands mathématiciens et physiciens de tous les temps, jusqu'à l'aventure spirituelle qui le conduira à la découverte intime de Dieu, en passant par la plus bouleversante intuition philosophique, celle qui distingue les trois ordres, celui de la connaissance (y compris

1. « Écraser l'infâme », devise formulée contre les dogmatismes en général et l'Église catholique en absolu particulier.

scientifique), celui de la force (y compris de l'État), celui de l'amour (y compris de la religion).

C'est aussi l'obligation du scientifique qui explore l'univers et ses milliards de milliards d'étoiles sans se laisser détourner par une *opinion*. Il peut être absolument matérialiste ou au contraire distinguer dans l'ordre implacable de l'univers le reflet d'un créateur supérieur et mystérieux, ses équations ne changeront pas et son regard sur les images du télescope spatial non plus.

De même le débat politique ne peut pas s'organiser sans que le réel y trouve sa place. Il est une part d'irréductible dans la réalité. Et si l'on ne réfléchit pas à partir de cet irréductible, ou en tenant compte de son implacable existence, on est certain de présenter au citoyen une vision du monde fallacieuse.

Par exemple, il n'est pas vrai que la France puisse se déclarer fermée face au monde ouvert. On peut le prétendre, mais il est impossible de faire de ce fantasme une réalité. Nous sommes un grand pays explorateur : les secteurs de notre activité industrielle et agricole qui se portent le mieux sont par définition les secteurs compétitifs, ceux qui ont un besoin vital d'exporter pour progresser, ceux qui conquièrent le monde. Imagine-t-on que si nous décidions quelque jour, par aveuglement, de fermer nos frontières, les partenaires commerciaux de la France nous laisseraient continuer à exporter chez eux ? Ce serait condamner nos forces pour ne plus conserver que nos faiblesses !

Imagine-t-on les conséquences d'une décision politique qui revienne à amputer notre pays de ce qui chez nous marche le mieux, des plus performantes de nos entreprises ? Une décision qui menace les revenus que notre pays tire du commerce mondial, dont nous avons tant besoin pour équilibrer, autant que possible, les importations auxquelles nous sommes obligés (et d'abord le pétrole et le gaz que nous consommons) et à mettre en cause les débouchés des plus performantes de nos entreprises ?

La France est un pays dépendant du reste du monde. Nous en sommes dépendants pour nos matières premières, l'énergie d'abord. Pour assumer la charge (lourde) de ces matières premières, il nous faut vendre à l'étranger. Double dépendance, qui inscrit dans les faits la certitude que pour notre pays la fermeture n'est pas une option. Seuls pourraient examiner l'hypothèse, purement théorique, de la fermeture et du protectionnisme généralisé les pays qui ne dépendent pas de l'extérieur. Il est significatif de vérifier qu'ils s'en gardent bien.

D'autant que le monde existe au-delà même de l'économie. Il est ouvert et ne se refermera pas, sauf tragédie dont nous hériterions des fruits amers. La mondialisation n'est pas seulement économique : elle est aussi humaine, affective, culturelle. Des millions de vies se font et se nouent par-delà les frontières. La liberté de circulation des personnes est indissociable de la liberté de circulation des biens et des capitaux, de la liberté de circulation de l'information. C'est tout un.

Le monde est ouvert et il est une tromperie à l'égard du citoyen de lui laisser croire qu'il pourrait en être autrement.

De même il est des conséquences mécaniques de l'endettement. Quand on est un pays qui vit du crédit pour ses engagements quotidiens, et ce depuis plus de trente ans, il est une escroquerie de laisser croire qu'on pourrait renoncer à rembourser sa dette. Si la moindre menace prenait corps à l'endroit de nos engagements, personne n'accepterait plus de nous prêter, sinon à des taux usuraires.

Et si par hasard nous nous lancions tout seuls dans l'aventure d'un retour à un franc dévalué, alors le remboursement en monnaie faible d'une dette de 2 000 milliards libellée en monnaie forte, accompagné du renchérissement immédiat de nos importations, nous plongerait dans le chaos en peu de mois.

On peut en dire autant des indicateurs de la formation des jeunes. Sans doute, on peut discuter, cela fait partie des opinions, de la justesse du classement de Shanghai qui prétend juger de la qualité des universités du monde. Sans doute les critères auxquels ce classement donne force de loi privilégient-ils à l'excès la taille des établissements, ou une certaine forme de publications, une approche anglo-saxonne. On peut les discuter, et peut-être serait-il utile de le faire sous forme scientifique et argumentée, même s'il importe de ne pas ignorer les conséquences de ce type de classement sur l'image et l'attractivité de notre enseignement supérieur. Mais on ne peut pas discuter les ravages de l'illettrisme. On ne peut pas discuter, ni excuser, l'incapacité à déchiffrer, à comprendre un texte, à compter. Dans le cas du classement de Shanghai, on peut proposer d'autres critères, et corriger les raisons objectives qui nous empêchent de faire reconnaître notre excellence là où elle existe. Dans le cas de l'illettrisme, il n'y a pas de critère de remplacement. Il n'y a pas de correction possible. Dans le premier cas, le mal est relatif. Dans le second, le mal est absolu.

Cela porte un nom : c'est le réel, ou en tout cas l'appréciation la plus exacte possible du réel. C'est avec cela, avec les remboursements d'emprunt, avec la situation des échanges, avec la formation plus ou moins bonne, qu'il va falloir vivre. Avec cela, et pas avec autre chose. Aucune de ces données de réalité ne s'effacera par miracle le jour de l'élection ou de l'installation des nouveaux gouvernants.

Conduire le débat politique en dissimulant ces vérités de fait, en les occultant, ce n'est pas seulement se moquer du monde, des citoyens volontairement aveuglés, c'est condamner l'exercice ultérieur du pouvoir. Il arrive que les trompeurs gagnent, certes, mais il ne se passe pas beaucoup de semaines avant que leur victoire ne révèle son vrai visage : celui de l'impuissance. Leur victoire est une illusion, une défaite garantie. Ils croient qu'ils ont gagné ? On croit qu'ils ont gagné ? Regardez bien : ils ont perdu ! Aucune chance !

J'ai pensé très tôt que la vérité dite aux citoyens était la condition même d'une action politique crédible et un jour efficace. Péguy qui m'a tant apporté avait écrit cette volonté au fronton des *Cahiers de la Quinzaine*, le « journal vrai » : « Avant ces obligations ou ces reconnaissances d'intérêts, je place une obligation de droit, perpétuelle, qui ne subit aucune exception, qui ne peut pas grandir ou diminuer, parce qu'elle est toujours totale [...] : l'obligation de dire la vérité. Dire la vérité, toute la vérité, rien que la vérité, dire bêtement la vérité bête, ennuyeusement la vérité ennuyeuse, tristement la vérité triste : voilà ce que nous nous sommes proposé... "Qui ne gueule pas la vérité quand il sait la vérité se fait le complice des menteurs et des faussaires !" »

Non pas que je sois vertueux, plus vertueux qu'un autre. J'espère seulement ne pas l'être moins. Mais ce n'est pas par vertu morale que je défends la vérité en politique et que je me suis appliqué depuis plus d'une décennie à en faire la charpente de mes positions et de mes propositions. C'est par décence et par efficacité.

Commençons par la décence. C'est un vieux mot, un peu oublié. C'est un mot qui évoque l'estime, ce qu'il faut être pour être à peu près comme il faut. Ainsi, le grand poète béarnais Nadaü désigne les grands-parents éternels, ceux de tout un peuple : *los de qui caü.*

Expression difficile à traduire parce que ces quatre mots, empreints de tendresse et de respect, et qui mettent les larmes aux yeux, sont plus denses et dépouillés que toute traduction. C'est à peu près : « Ceux qui sont comme il faut qu'on soit quand on est comme il faut. »

La décence, c'est une estime qui circule, c'est respect des siens et respect de la part des siens. Et respect de soi-même.

J'avoue ne pas savoir comme on peut, au micro, sous les projecteurs des meetings, seul face à tous, seul face aux siens, ceux qui mettent en vous leur espoir et leur foi, ceux qui remettent entre vos mains une part précieuse de leur destin, comme on peut proférer des affirmations que l'on sait pertinemment fausses ou douteuses. Je ne sais pas. Je n'ai pas assez d'imagination. Pour moi, je ne peux pas trahir le cœur léger ceux-là qui viennent ainsi m'entendre. C'est une incapacité sans doute. C'est la mienne. Je la confesse.

Car ceux qui sont dans ces salles avec le regard confiant, prêts à vibrer, prêts à aimer celui qui leur parle, à rire s'il rit, à s'émouvoir s'il s'émeut, à s'emballer s'il le leur propose, ceux-là ce sont les miens. Je vois en eux les plus fragiles, ceux du monde de mon enfance d'ouvriers et de paysans, ceux qui n'ont ni relations ni informations secrètes, ceux qui se contentent de donner leur confiance. Trahir cette confiance, c'est se trahir soi-même. C'est même trahir plus que soi-même.

Et je sais, de surcroît, que cette trahison constitue une atteinte définitive à l'efficacité ultérieure du pouvoir.

Les politiques doivent s'enfoncer dans le crâne une certitude : désormais les peuples ne se laisseront plus gouverner par ceux qui les trompent ! Désormais l'adhésion des peuples est la condition première d'une démocratie de plein exercice, et il ne peut y avoir d'adhésion sans contrat clair.

Désormais une élection n'est plus une installation au pouvoir avec mise à disposition des leviers de commande et rendez-vous dans cinq ans. Une élection désormais est seulement le commencement d'un contrôle continu du pouvoir par les citoyens, vérification quotidienne, parfois heure par heure, de la conformité de l'action aux promesses enregistrées et examen continu de la cohérence de cette action. Que le pouvoir manque à ses promesses, implicites ou explicites, qu'il manque à la cohérence qu'il avait laissé entrevoir, et le voilà déchiré, jugé, condamné. Dévalorisé, donc impuissant à entraîner les peuples.

C'est pourquoi les pouvoirs qui croient commode d'échapper à la vérité se trompent lourdement. Leurs propres mensonges, leurs propres habiletés les brûleront comme des tuniques de Nessus[1]. Leurs propres mensonges, leurs habiletés outrecuidantes seront toxiques. Pas pour les autres, comme ils croient, mais bel et bien pour eux.

Notre temps, c'est le temps d'Internet. Internet change tout pour les gouvernants, pour les acteurs du débat public en général. Il est à la fois le poison de l'époque et son antidote.

Il est le poison parce qu'il participe à l'affolement général, une information chasse l'autre, une image chasse l'autre, une vidéo chasse l'autre. C'est la dispersion perpétuelle de l'attention, le démodé instantané, tout présent devenant passé à l'heure même où il apparaît. Et les cyniques en jouent. Ils font de l'obsolescence, du vieillissement dans l'instant la règle de toute chose, selon le vieux principe du *pas vu pas pris*, pas fixé, pas mémorisé, pas retenu. Internet peut être aussi un puissant

1. La légende antique raconte qu'Héraclès mourut d'avoir endossé la tunique magique offerte par sa femme, enduite du sang du Centaure, par laquelle elle espérait le ramener à la fidélité conjugale. La tunique, en fait, brûlait à jamais son propriétaire.

facteur de manipulation, tant sa démultiplication sans limite sert ceux qui veulent imposer une rumeur ou une intox. Il disperse indéfiniment l'attention et son contenu n'est jamais, ou rarement, vérifié.

Mais en même temps, il porte en lui-même l'antidote à son propre poison. Car d'Internet, rien ne s'efface. Et si dans l'instantané rien ne tient vraiment, au contraire dans la durée tout ressort, le fait qu'on voulait cacher, la déclaration lâchée à l'improviste ou savamment manœuvrée, des mois ou des années auparavant, le chiffre ignoré, la phrase copiée, tout cela resurgit implacablement des ténèbres de l'oubli et vient crucifier, un jour ou l'autre, le truqueur. Rien ne se perd, rien ne se crée, rien ne se transforme sur l'univers de la Toile. La poursuite de la contradiction ou de la dissimulation y est inéluctablement ciblée, accompagnée de la preuve certaine de la trahison.

La démocratie sera contrainte de se construire sur la vérité. Elle a donc changé de nature, ou plutôt elle a rejoint ainsi sa nature profonde.

Il y a des décennies que de grands idéalistes, plus réalistes que bien des cyniques, voulaient que le citoyen, en démocratie, soit pris au sérieux. Qu'on ne lui dissimule rien des raisons des choix collectifs. Que l'on regarde vraiment en lui le décideur suprême que l'on affiche dans nos lois fondamentales. Qu'on mette un terme au privilège indu de ceux qui décident seuls et qu'on conduise à son service une œuvre de formation populaire, de formation civique.

Il y a cent ans exactement que Marc Sangnier proclamait que « la démocratie est l'organisation sociale qui porte à son plus haut la conscience, et la responsabilité, du citoyen ».

Conscience ! Responsabilité ! Dès cet instant, le citoyen n'est plus un sujet soumis. Il n'est plus celui qu'on gouverne en le menant par le bout du nez, à qui on fait avaler ces trompeuses douceurs avec lesquelles on cherche à capturer les mouches, et qu'on voudrait nourrir d'illusions. Il devient un partenaire à part entière de la décision publique. Son rôle ne se limite plus à se voir convoqué tous les cinq ans pour choisir son tyran et lui signer un chèque en blanc, à la fin du grand bal des mystificateurs. Désormais, sa place n'est plus épisodique. Ce n'est plus une fois tous les soixante mois qu'il est censé réfléchir à l'avenir de son pays, donc de sa famille et de ses enfants. C'est tous les jours ! Tous les jours humbles, les jours fastes et les jours sans faste. C'est tous les jours de l'armée des jours que le citoyen se grandira, et grandira en même temps.

Cela, bien sûr, forme un idéal, un vrai, un qui vaut la peine, qui mérite qu'on y croie, qu'on se batte pour lui ! Le citoyen devenu codécideur de son destin, quotidiennement, c'est la fin de la domination méprisante, de la condescendance du puissant à l'égard du faible. C'est un peuple de soumis qui se rebelle, et une conception du gouvernant qui le rappelle à l'ordre, au sens de sa vocation. Il n'y a plus le pays d'en bas et le pays d'en haut, les initiés au-dessus, et le pays d'en bas, les petits, les obscurs. C'est une révolution accomplie sans coup férir, enfin, pacifique et émancipatrice.

Cette idée a été puissamment combattue. Et pas seulement par les tyrans. S'il n'y avait que les tyrans à ne pas aimer la démocratie, le monde irait bien mieux. Ce serait plus facile. Un tyran, c'est brut de décoffrage, c'est grossier, ça se débusque aisément, et même si c'est cruel, ça se dénonce et ça se déshonore. C'est pour les démocrates un ennemi identifié, indiscutable. Ça facilite les choses, du moins tant qu'il ne vous tue pas, vous et les vôtres, ce qui, assez souvent, ne le dérange pas.

Mais ce n'est pas le plus efficace ni le plus sournois, et en cela le plus dangereux des ennemis de la démocratie réelle. Les ennemis les plus retors, les plus dissimulés, les plus difficiles à débusquer, ce sont les gouvernants ordinaires, ordinairement cyniques, ceux qui considèrent, depuis l'origine, pour ainsi dire de fondation, qu'il est inévitable de décider à la place du peuple obtus. Ceux qui croient, si j'ose dire de bonne foi, qu'il est inévitable de décider en lieu et place du peuple, sans lui laisser la moindre place dans ce choix, pour son *bien*.

Cette idée qu'ils combattent, les années qui viennent vont nous permettre de la relever.

La vérité ne sera plus dans les années qui viennent une vertu morale, elle sera la condition même de l'adhésion des peuples à leur propre effort. Et c'est notre combat.

Figures du parti de la vérité

Ce n'est pas une question nouvelle. C'est une question pour tous les temps de la démocratie. Il n'est pas indifférent que les figures les plus attachantes, les plus exemplaires, des décennies écoulées, ceux qu'on voudrait voir inspirer les politiques actuels, soient des hommes de vérité.

Ils n'étaient certes pas la majorité : nous en avons vu et entendu beaucoup, en France, ces dernières décennies, de ces gouvernants qui ont perverti le sens, la volonté, le jugement du peuple dont ils avaient la charge ! Et je l'ai dit, souvent de bonne foi, comme étaient de bonne foi ces nourrices qui dans d'anciennes campagnes reculées versaient une rasade de gnôle dans le biberon des petits, « pour les fortifier ». La différence est qu'ils ne pouvaient pas se réfugier, eux, gouvernants, dans le prétexte de leur ignorance.

Au fond, ce que croyaient les politiques cyniques, c'était que la mission des gouvernants est de décider *à la place* des peuples, une fois qu'ils sont élus, en leur dissimulant l'essentiel, de peur qu'ils ne renâclent.

Il existe pourtant en France un parti des hommes de vérité. Ces figures méritent qu'on les visite et qu'on réfléchisse à ce que révèle l'attachement qu'elles ont fait naître au travers du temps. Un attachement qui est comme un regret, et un appel pour le futur.

Quand on pense aux hommes de vérité, on va souvent d'abord à Mendès France.

Lors de l'hommage solennel qui lui fut rendu après sa mort, François Mitterrand eut sur lui une phrase admirable : « Être républicain, c'était croire, selon lui, que tout homme peut être juge du bien commun. »

Républicain et démocrate, c'est tout un. C'est ce qu'écrit la Constitution, et c'est ce que croyait « l'éveilleur des consciences[1] ».

---

1. « Devant vous et devant la France, je cherche à définir ce que fut Pierre Mendès France. Et je ne trouve d'autre

PMF est mort il y a trente ans exactement. Il était un homme d'une pièce, qui refusait la confortable distance qu'on accepte si souvent entre les principes qu'on invoque et l'action que l'on conduit. Il n'a pas encore trente ans lorsqu'il est en juillet 1936 le seul député de gauche à voter contre la participation de la France aux jeux Olympiques organisés à Berlin pour la plus grande gloire du régime hitlérien.

Il mettait le citoyen au cœur de la politique. Intransigeant, il le fut dans son regard sur les institutions. C'est au nom de ce principe qu'il refusa, à tort ou à raison, la Cinquième République. Pour lui, le citoyen, sa conscience, son adhésion, sa connaissance des choses et du monde seraient minés et détournés par le pouvoir personnel dont il devinait qu'il serait tout entier concentré entre les mains du président de la République.

Chef du gouvernement de la France, président du Conseil, pendant les sept mois où il eut à diriger les affaires du pays, en particulier dans les tourments de la crise de la décolonisation indochinoise, marocaine et tunisienne, sa ligne de conduite ne changea pas. Durant ces mois, tous les samedis soir, il prit quelques

---

définition que celle-ci : Pierre Mendès France, l'éveilleur des consciences », François Mitterrand, 27 octobre 1982.

minutes, à la radio, pour s'adresser directement aux Français dans des causeries dont notre pays a gardé confusément le souvenir. Sept mois durant, du mois de juin 1954 au mois de février 1955, une voix familière, sans apprêt, la voix d'un homme au travail, d'un homme à la tâche, vient non pas faire une déclaration, mais confier au peuple des auditeurs, au moment de repos de la semaine, ses soucis, ses idées, ses convictions sur les choses et l'enjeu du temps. « Le plus difficile, c'est d'amener les hommes à se rendre compte que nul ne peut penser pour eux. [...] Chacun doit juger lui-même les données et les décisions[1] », telle fut la ligne de conduite à laquelle, toute sa vie politique, il ne manqua pas.

Enfin il croyait que l'on peut agir. Ce n'est pas le moindre paradoxe de cette vie, si durablement écartée du pouvoir, pour lequel pourtant il était si évidemment fait. Lorsqu'il se fixe, le jour même de sa prise de pouvoir en 1954, un délai de trente jours (!) pour faire la paix en Indochine, il se donne une contrainte presque impensable, mais en réalité c'est cette contrainte qui force le succès. Aurait-il laissé comme on dit « du temps au temps » que des

1. *Pierre Mendès France et le mendésisme,* sous la direction de F. Bédarida et J.-P. Rioux, Fayard, 1985.

mois auraient coulé, avec leur tribut de morts et de déchirements, avant que les choses ne bougent. Il fera de même au Maroc et en Tunisie. Mais il croyait aussi qu'on pouvait agir en économie, diriger le pays vers de grands équipements, de ports, de chemin de fer, de nucléaire, qui nous rendraient aptes à supporter la concurrence du monde.

Aux yeux des malins, son intransigeance était une faiblesse. Mais en un temps où tant de contorsions, tant de demi-mesures, tant de compromissions s'entendaient pour corrompre aux yeux de tous la politique partisane et parlementaire, un peu de rigueur, un peu de raideur venaient parfois en sauver l'honneur.

Pierre Mendès France eut des désaccords passionnels, brûlants, avec ma famille politique, sur le sujet européen en particulier. Notamment parce qu'il voulut, ou permit, l'échec du projet de Communauté européenne de défense. Plus encore parce qu'il fut un des sept (!) parlementaires à voter contre le traité de Rome, estimant que la France ne pouvait faire jeu égal en économie avec l'Allemagne, ce qui fut démenti, avant la dégringolade de ces dernières années, par un demi-siècle de succès industriels et commerciaux, et montre à tout le moins que les plus grands peuvent se tromper.

Cette mésentente est pour moi un regret historique, lointain et tenace. Si ces deux courants, le radicalisme réformiste et la démocratie chrétienne, s'étaient entendus, le visage de la France en eût été changé et les années de Gaulle en auraient été plus fortes et sur certains points plus justes.

Les uns et les autres avaient fait la résistance intérieure et extérieure de la France contre le nazisme. Ceux qui croyaient au ciel, comme ceux qui n'y croyaient pas, ils avaient le même amour de la patrie et de la vérité. Leur entente aurait été bénédiction. Je partagerais volontiers sur ce point le jugement de François Mauriac alors qu'après de longues années de traversée du désert Mendès France était sur le point de revenir au Parlement, en 1967 : « Je dis aux amis de Pierre Mendès France : ce que j'ai cru et ce que je crois toujours, c'est que la conjonction de PMF et de De Gaulle eût été ce qui aurait pu arriver de plus heureux pour la nation. L'impossibilité en est inscrite dans la nature même de PMF, dans cette inflexibilité qui fait sa grandeur et l'aura condamné à ne pas servir autrement que par une action toute spirituelle... Ce qui les sépare, c'est ce qui devrait les unir. »

Il est vrai que de Gaulle n'hésitait pas à plaider la ruse pour gouverner et commander. Dans le drame algérien il usa, peut-être moins consciemment et moins volontiers qu'il n'a bien voulu le laisser croire, du double langage.

Peut-être n'y avait-il pas d'autre issue à un drame historique de cette ampleur, à la rupture d'une telle intimité, à de telles souffrances et de telles injustices. Je ne sais pas et personne ne saura jamais. Peut-être devant ce nœud de passions, d'enfances, de cimetières, de travaux menés, de rires, de vies données, devant les cartes de géographie de l'école primaire qui dessinaient ces « départements français » partie intégrante de la nation, tout cela explosant en sauvagerie, en vies déchirées, en victimes sacrifiées, en destins interrompus, d'un bord comme de l'autre, peut-être n'y avait-il que cette issue de dissimulation en attendant de trancher au hachoir le nœud gordien. Peut-être.

Il demeure que tant et tant qui avaient cru, et qui étaient généreux, et dignes d'estime, ne pardonnèrent jamais le double langage. Et que demeura l'infection de cette blessure. Et que du côté des révoltés de l'indépendance algérienne, on garda aussi bien des rancœurs de la parole biaisée. Et peut-être rusait-il aussi avec lui-même, d'un côté grand pragmatique et de l'autre Soldat, Drapeau, Empire et Nation...

Mais il est d'autres hommages que de Gaulle rendit à la vérité. Qui peut ignorer qu'il honora le citoyen, si souvent, par la hauteur de vues, de pensées et d'expression ? Le sens de l'histoire et le sens de la langue mêlés, qu'il trouvait naturellement en s'adressant aux Français, en leur exposant les problèmes du monde. Les mots, les mots rares et les mots drus, le *volapuk*[1] et la *chienlit*[2], faisaient balles pour le combat, et mettaient la langue à sa véritable hauteur, hauteur d'armes, de mêlées historiques et de barricades.

Ainsi la syntaxe, le lexique et la période offraient au peuple, sans concession, au plus haut, une vision et une pensée à hauteur de sa vocation. En tout cas de ce que de Gaulle rêvait de cette vocation. À laquelle, nous qui

1. Dans sa conférence de presse du 15 mai 1962, qui entraîna les centristes du MRP à quitter le gouvernement, de Gaulle condamna l'intégration européenne, en passant par la métaphore linguistique du *volapuk*, un langage inventé au XIXe siècle pour unifier les langues européennes, sorte de précurseur de l'esperanto.

2. Il utilisa le mot ancien de *chienlit*, qui désignait dans le français des campagnes une diarrhée, pour déconsidérer et condamner le désordre dans la rue de 68.

sommes humbles citoyens et non pas hommes à hauteur de siècles, cependant, à notre place, nous n'avons pas renoncé.

Il laissait dire et n'hésitait pas à laisser entendre que le cynisme est l'arme des chefs, et que Machiavel était un camarade de combat.

Et cependant, aucune concession à l'abaissement des complaisances, zéro concession à la bassesse de pensée ou d'expression. Sur les grands sujets de la planète, sur la plus large des géopolitiques, sur le destin de notre pays et le mouvement de l'histoire, sur la vocation de l'Europe indépendante, sur les liens avec la puissance américaine, sur l'orgueil des nations, il prenait sans cesse le parti de l'exigence la plus haute. Il n'abandonnait rien à la facilité, ni dans la pensée ni dans la forme du discours.

S'y ajoutait une si haute idée du lien avec les Français qu'il jugeait obligatoire d'en vérifier, à intervalles réguliers, la validité. Pour la restauration du citoyen, le pouvoir personnel était régulièrement tempéré par le référendum. La consultation directe des Français, oui j'adhère, non je n'adhère pas, était comme le sceau de cette dignité rendue à l'électeur. La démocratie gaulliste, là comme ailleurs, se focalisait sur l'idée de participation. Non seulement la participation économique pour les salariés, d'abord aux résultats de l'entreprise et un jour, qu'il promettait, à la fixation de ses orientations. Non seulement la participation en matière sociale, par la réforme du Conseil économique et social, où les syndicats obtiendraient enfin une reconnaissance qui ne serait pas de façade, et pas seulement par le conflit. Mais la participation politique par l'association du peuple à l'action des gouvernants ! Participation directe, matérialisée à intervalles réguliers, plus fréquemment qu'à intervalle électoral, par le référendum d'assentiment, et de légitimation : oui je soutiens, non je ne soutiens pas.

Personne ne comprit un traître mot de ce qu'il racontait là, aucun de ses adversaires, ce qui paraît normal, et non plus aucun de ses compagnons, qui haussaient les épaules, Pompidou le premier, sur de pareilles et bien étranges lubies. Ils ne voyaient pas le profond. Et la vérité oblige à dire que je ne les vis pas non plus et qu'il me fallut quelques décennies pour comprendre ce qu'avait voulu dire vraiment, seul contre tous, la Grande Ombre. Il est vrai (ce sera ma seule défense) que j'avais dix-sept ans quand il quitta la scène sans un mot, après les quelques mois d'incompréhension qui séparèrent mai 68 d'avril 69, et qu'on n'est pas sérieux quand on a dix-sept ans, en tout cas pas souvent, et pas très clairvoyant sur les grandes utopies historiques. On a autre chose à penser, quand on a dix-sept ans, en particulier sous les tilleuls verts des Promenades.

Mendès, de Gaulle, et Barre.

Barre, qui affirmait à l'égard des deux acteurs du siècle une égale fidélité, incompréhensible à ceux qui n'avaient du débat dans le pays qu'une vision politicienne. Comment s'affirmer fidèle en même temps à *l'un* et à *l'autre* des deux grands adversaires du Tournoi du quart de siècle d'après-guerre ?

Il me faut maintenant évoquer la figure de Raymond Barre. Je ne le fais pas sans émotion ni sans affection. Il y avait en lui, pour qui le rencontrait vraiment, hors fonction, quelque chose, je ne peux le dire autrement, de *pur*. C'était un homme sans calculs, sans ruse, notamment partisane, notamment parlementaire, notamment médiatique.

Bien sûr, si on regardait bien, on voyait l'enfant. On comprit assez tard pourquoi. L'enfant blessé, l'enfant humilié dans ses premières années par l'échec, la faillite et la fuite du père, chassé, coupé en même temps de sa famille et de la société pleine de préjugés de La Réunion d'avant-guerre. Souvenir sans doute enfoui pour lui-même, et qu'une campagne électorale dégueulasse ressortit opportunément en 1988, jeté au public et révélé à pleine page dans *Le Monde*. C'est là que ses enfants à leur tour, dit-on, découvrirent cette tragique histoire. L'enfant en lui faisait que l'adulte, aussi, était à vif.

Mais comme homme dans la cité, il était déterminé à faire bien ce qu'il était appelé à faire. Il croyait que la vérité seule devait présider au lien qui existe entre le citoyen et le gouvernant. Jamais il ne laissait la préoccupation de son propre intérêt, de son propre avenir, par exemple de sa popularité, prendre le pas sur cette exigence. Il croyait que le devoir des gouvernants est de voir juste et d'agir droit.

Convenons-en : il y mettait assez souvent de la maladresse, et plus souvent encore de la provocation, avec une jubilation contenue, qui était celle du fils de proscrit, celle de l'exclu qui retrouve droit de cité, et qui défie du regard ceux qui laissaient autrefois les siens à la porte.

C'est pourquoi il aimait tant les libertés, et d'abord les libertés universitaires. On devinait que c'était là, parmi ses pairs en toge, qu'il avait conquis la reconnaissance qui avait tant manqué à sa famille. Et on voyait que c'était la reconnaissance de l'Université qui lui avait donné la force de ne baisser le regard devant personne.

Cette puissance de revanche, il la mettait au service d'un seul bien : la vérité dite au peuple sur la situation de ses deux maisons, la France et l'Europe. Il n'intriguait pas. Il ne rusait pas. Il allait sans rien cacher, sans rien transformer.

En ne pensant pas à lui-même, pas à sa carrière, en étant aussi ouvertement désintéressé, intransigeant sur le travail à faire, il avait gagné la confiance de Valéry Giscard d'Estaing. Et il faisait avec VGE, l'homme le plus ouvertement brillant de sa génération, le plus précocement reconnu, le plus conscient de sa domination, un singulier et, je crois, assez probe assemblage.

Giscard pensait, et souvent à raison, que sa logique, son don pour la pédagogie imagée, chiffrée, ses formules choisies, distillées, étaient irrésistibles. Que les peuples ne pouvaient qu'être convaincus par l'élégance et le talent. Il avait la certitude d'être le pédagogue et le vulgarisateur invincible de sa politique. Barre croyait à la vérité et au travail. Il ne s'accordait pas le privilège du brio. Mais il était certain de ses certitudes.

Il y avait en lui de l'orgueil et de l'humilité, orgueil devant la faune politique à laquelle il ne concédait rien, qu'il jugeait sévèrement pour sa légèreté de convictions et son affolement devant les sondages, et humilité devant les faits. Il prenait la France au sérieux et son destin à cœur.

Il ne craignait pas l'impopularité, mais le jugement du monde sur l'état de notre pays lui importait. Il voulait, déjà, que la mondialisation économique, qui lui était familière avant même qu'elle ne se soit imposée, serve la France. Il pensait que nous pouvions être meilleurs que l'Allemagne, en tout cas aussi bons. Il redoutait la dette galopante et transmettait à ses proches et à ses amis, dont j'étais, la hantise de voir les générations aînées trahir par légèreté les générations plus jeunes.

Nous savions très bien pourquoi il lui serait difficile de gagner, parce que l'intransigeance n'est pas charmante, mais nous pensions tous qu'il aurait été un président de devoir, un président de fonds, un de ceux par le désintéressement de qui l'avenir se construit, solide.

Mendès, de Gaulle, Barre, leur point commun est celui qui paraît le moins. Ils voulaient tous les trois le peuple grand, le peuple par le haut, digne qu'on lui parle au bon niveau, qui n'est pas celui de la démagogie.

Cela fait un singulier contraste avec les autres, la plupart des autres et la plupart du temps, dont l'idée intime est que l'essentiel est de gagner le pouvoir, de l'occuper un temps donné, et que les autres questions, celle du peuple qui vous le confie et de la situation qui justifie qu'on l'exerce, sont après tout des questions secondaires. Une fois son mandat signé le peuple est spectateur du pouvoir, et c'est bien assez comme cela : le pouvoir n'est pas son affaire.

Une telle désinvolture tue la démocratie en la découpant en tranches. En tout cas en deux temps, contradictoires : le temps de la séduction où toutes les habiletés sont permises, où l'on met en scène l'apparence et l'illusion dans le seul but de gagner l'élection ; et le temps, différent, de l'exercice du pouvoir, où se décideront enfin les choses sérieuses, à l'abri des regards. Dans le temps de la campagne, la fin que l'on poursuit, le succès électoral, justifie tous les moyens. Dans le temps de l'exercice du pouvoir, on fait au mieux, on a carte blanche, en prenant seulement les quelques précautions et habiletés nécessaires pour faire semblant de respecter le contrat, même si l'on savait, précisément, au moment de le signer, qu'il était un leurre.

Ce découpage, campagne *vs* pouvoir, ce découplage entre l'un et l'autre sont mortels. Car le citoyen se voit ainsi conduire à considérer qu'il n'y a nulle adéquation entre la promesse et la réalité. Et que donc tous les mêmes, tous des menteurs, tous des trompeurs, tous des *burladors*. Inutile de les écouter, interdit de croire à ce qu'ils disent, puisque chaque fois c'est la même chose : « ils » nous racontent leurs bobards pour être élus, et puis après « ils » nous tapent sur la tête et l'on n'y peut mais. Et donc c'est l'action politique qui se trouve en elle-même déconsidérée et frappée de nullité. Et un jour, ce sont les valeurs démocratiques qu'on envoie par-dessus les moulins. Regardez bien, nous y sommes.

J'ajoute que ce cynisme, de tout temps discutable, en morale, en idéal, est devenu aujourd'hui purement et simplement insoutenable. Je veux dire que s'il fut de tout temps peu recommandable, il est devenu aujourd'hui impossible. Discutable quel que soit le temps, insoutenable en temps de crise. Car les peuples exigent désormais de savoir, de comprendre, d'être informés, de participer à une forme de démocratie directe, en temps réel. C'est leur vie, donc c'est leur droit. Ils veulent l'exercer.

Un historien suffisamment savant et intuitif dirait mieux que moi ce que je pressens : ce mouvement d'appel à la démocratie directe et qui prend le citoyen au sérieux n'est pas autre chose que la manifestation nouvelle d'un trait de caractère de la France. Un surgeon nouveau sur le vieux tronc aux racines puissantes.

Devant les écrans d'Internet, sur les réseaux sociaux, ils ne le savent pas, mais ce sont les mêmes qui reviennent : les membres des sociétés de pensée, des clubs et des Académies d'avant la Révolution ; les instituteurs ou les syndicalistes ouvriers des cercles laïques ou des associations catholiques ; ces moustachus d'il y a cent ans, à la veille de la Grande Guerre, qui dans leurs cafés ou dans leurs cercles lisaient avec passion « leur » journal, celui de leur engagement, *L'Aurore, Le Temps, L'Humanité* et même *L'Action Française,* chacun le sien. On s'adonnait à comprendre, passionnément. Il y eut là comme un temps d'accomplissement du sentiment républicain et de l'Instruction publique, tout ensemble. C'était Université populaire à tous les étages, goût de savoir, volonté éperdue de combattre.

Et si ce temps était revenu, à la manière électronique ? Spécialement en France. En ce sens, et comme souvent, notre pays forme une avant-garde. La Révolution de 1789 nous a donné une nature politique particulière. Nous voulons la démocratie directe et nous regardons avec méfiance la démocratie de délégation, celle qui domine chez nos voisins, celle où l'on trouve normal de confier son destin aux notables, investis de leur mandat électif. Ailleurs, on accepte qu'ils soient là pour décider à la place du peuple et tout est bien ainsi.

Il est en Europe, et spécialement en Europe du Nord, une légitimité de la démocratie de représentation qui n'est jamais mise en question. Pas en France. 1789 et 1793 nous ont collé ce virus : nous voulons nous occuper de nos affaires. C'est un appétit pour la démocratie directe, doublement directe : la démocratie directement, autant que possible, entre nos mains de citoyens, et la démocratie en direct.

Tous les autres pays, tous les autres peuples vont y venir. Car les chaînes d'info, le réseau, le numérique partout, les tablettes, les réseaux sociaux, tout ceci plonge le citoyen dans le grand bain des affaires du temps et des affaires du monde. Il ne s'en laissera pas déposséder. La revendication de la responsabilité directe du citoyen est devenue irrépressible. Elle sera irrésistible.

De là vient le besoin de vérité qui, comme une vague, va venir battre les marches du pouvoir. Si nous, citoyens, sommes responsables, alors vous nous devez les éléments de la responsabilité. Sinon, le grand désenchantement emportera les digues.

Car la perte de confiance des citoyens dans leurs élus, à terme dans leur système politique et leur démocratie, ne peut connaître que deux issues. Soit un soubresaut de déstabilisation par les extrêmes, plus probablement par l'extrême droite que par l'extrême gauche, d'où sortiront de grands malheurs pour le pays, avant qu'il ne se rétablisse. Soit une ère nouvelle en politique, dans laquelle la vérité aura droit de cité. Une démarche politique qui tourne le dos au bluff. Au contraire une attitude humble, tenace, civique qui prenne avec constance et même bonne humeur le parti des citoyens contre la tromperie, et les entraîne vers un optimisme nouveau.

Les yeux ouverts

On ne rejoint pas tout de suite le parti de la vérité. Parfois il faut un long chemin. C'est le sens du serment de Léon Blum rentrant de déportation que j'ai mis en exergue de ce livre.

J'ai fait ce chemin.

Pendant longtemps, j'ai été un homme politique classique. J'ai eu la chance, si c'est une chance, d'être élu assez jeune, d'occuper des fonctions importantes dans un parti politique à l'âge où d'autres ne savent même pas s'ils voteront, d'être très tôt député et ministre. C'était une carrière linéaire, en droite ligne, au centre droit, c'est-à-dire, ne nous cachons pas derrière notre petit doigt, à droite, dans une droite modérée, alliée à une droite plus affichée, celle du RPR. J'étais très heureux de ce chemin, j'en étais assez fier aussi, comme un jeune homme, en tout cas un homme jeune qui réalise le rêve que n'ont pu réaliser les siens avant lui.

Il est vrai que j'ai sans doute toujours eu ce sentiment de vigilance sociale, un sentiment de classe si l'on veut, le sentiment qu'il me fallait m'exprimer au nom de ceux à qui étaient refusés l'influence et les relations, et ne pas les oublier au moment où je passais de l'autre côté du miroir. C'est pour cette raison que j'ai toujours refusé d'entrer dans des réseaux, des clubs, des lieux d'influence, même les plus prestigieux, où l'on m'a pourtant souvent offert de me coopter. Je ne me sens pas à ma place dans les situations de satisfaction sociale, dans l'univers de l'entre-soi. Lisez ces affirmations comme elles sont écrites : je n'en tire aucun contentement ni ne donne aucune leçon. C'est ainsi que je suis fait, et que je m'accepte, j'imagine une fois pour toutes, portant avec moi ceux qui m'ont précédé.

Pendant ces années sinon de conformisme, du moins d'un certain alignement, tout paraissait aller bien.

Je participais allégrement au grand jeu politique, et même je tirais convenablement, à titre personnel, mon épingle du jeu.

Mais il m'apparut avec le temps que c'était en fait un jeu de rôles, un grand théâtre d'apparences.

Non seulement parce qu'il y a les contraintes de la robuste réalité, et qu'un claquement de doigts ne suffit pas à la modifier. Non seulement parce qu'il y a des contraintes extérieures, l'Europe, comme on dit (on le dit trop), l'Administration sans doute aussi, mais parce que l'État en France est devenu impuissant, bloqué par lui-même et sur lui-même, et qu'en fait on n'y décide rien ou pas grand-chose. On fait semblant.

Les ministres successifs, farauds, annoncent des « réformes », les journaux les commentent doctement, parfois les opposants manifestent, mais revenez six mois plus tard et la réalité vous apparaîtra sous son jour le plus cru : réforme ou pas réforme, rien n'a changé !

La décision unilatérale des gouvernants, dans tous les domaines importants, est impuissante si elle n'est pas soutenue par l'adhésion du peuple.

Si on décide en vase clos, en réalité, rien ne change vraiment.

Ou bien on recommence éternellement les mêmes « réformes ».

Je peux citer mille exemples : la politique du logement, les aides fiscales pour encourager à l'investissement locatif ! Chaque ministre apporte la sienne, qui portera son nom pendant quelques mois, et c'est toujours la même, le même principe qu'il a critiqué sauvagement chez son prédécesseur et qu'il réécrit en le présentant comme une révolution radieuse. On pourrait en faire une comptine surréaliste : Quilès devient Méhaignerie qui devient Besson qui devient Robien qui devient Périssol qui devient Scellier qui devient Duflot... Dans l'Éducation nationale, nous pourrions citer douze exemples de ministres qui ont prétendu être les premiers à rétablir l'éducation civique et morale. Moi aussi, bien sûr. Un précédent ministre annonça même à grand renfort de télévision qu'on allait retrouver les sentences morales écrites le matin au tableau, genre Bien mal acquis ne profite jamais. Y a-t-il eu une seule classe en France pour en faire l'expérience ?

Ce n'est pas que l'apparence occupe trop de place. Elle occupe toute la place. Le pouvoir peut décider de créer des impôts, c'est vrai : cela c'est assez facile. C'est même la décision la plus immédiatement suivie. Et encore est-il contraint, parfois, en quelques semaines, de rendre dare-dare au contribuable ce qu'il envisageait de lui prendre. Comme on le vit avec la

« révolte des pigeons » ou avec l'instauration d'un crédit d'impôts de 20 milliards pour les entreprises qui suivit de quelques semaines à peine l'annonce d'un prélèvement du même montant. Sans que d'ailleurs personne ou presque fasse le lien entre les deux... S'agit-il de faire des économies, on les annonce, on les attend, on les met en scène, et pour l'essentiel rien de concret ne vient. À chaque élection, les candidats décrètent que leur gouvernement ne comprendra pas plus de quinze ministres. Et chaque fois, on se retrouve à quarante, avec les cabinets, l'appareil qui l'entoure, les frais qui vont avec et leur cortège d'indécence.

Gouvernement ? Qui gouverne en vérité ? Un ministre sur dix pèse vraiment sur les choses. Pas davantage. L'Élysée gouverne, Matignon parfois, quelques ministres dans leurs forteresses (l'Éducation en est une, c'est vrai). Bercy tranche des budgets et du détail des décisions, avec sa puissante administration et les légions de l'Inspection des finances, armées de leur doctrine *ne varietur*.

Tout le reste forme une pompe d'État, vraiment trop vaine, et trop chère, pour ce qu'elle est.

Sans parler même des puissants intérêts économiques, financiers, industriels, parfois médiatiques, qui ne manquent pas de se faire entendre et de mystérieusement peser sur les décideurs. Assez souvent, ils s'organisent en réseaux (ce ne sont pas les seuls) pour que soit décuplée leur influence. On les rencontre au fil de bien des combats.

La privatisation des autoroutes, contre laquelle je dus me battre presque seul jusqu'au Conseil d'État, en fut un exemple emblématique, qui vit, sitôt la décision acquise, les nouveaux concessionnaires racheter tous leurs titres en Bourse pour se retirer de la cote et donc ne plus être obligés de publier leurs bénéfices.

Et l'affaire Tapie, qui vit l'État décider d'attribuer des centaines de millions d'euros, 403 millions disent les rapports les plus officiels (la Cour des comptes), d'argent public en tournant la décision prononcée par la plus haute instance judiciaire de notre pays, la Cour de cassation en formation plénière ! À cette époque un réseau d'influence mystérieux, pour des raisons bien plus mystérieuses encore, mais qui devaient être bien lourdes pour que le sommet de l'État ne puisse leur résister, multiplia les entorses au droit, à la loi, à la jurisprudence et à la probité pour réaliser la plus importante spoliation du contribuable au bénéfice d'une personne privée. Chez nous, le pays des Droits de l'homme et du citoyen où tout agent public est censé devoir « rendre compte de son administration » devant le contribuable !

J'ai mené ces combats, et tant d'autres, sans immédiat espoir de victoire, mais sans battre en retraite. Je les ai menés pour qu'il ne soit pas dit que devant l'abus manifeste, aucune voix ne s'était élevée. Puisque sur ces dossiers au moins je *savais*, j'ai mené ces combats au nom de tous ceux qui ne savent pas et ne peuvent pas savoir, tant le système politique, le système médiatique, dans leur structure même, sont organisés pour être opaques !

De ces combats, je suis sorti avec une certitude. La démocratie, où qu'elle se révèle dans le monde, obéit à une règle de fond : les cartes du jeu démocratique, du moins pour ce qui touche aux décisions les plus importantes, doivent être sur la table. En France, les cartes, les cartes les plus importantes, sont sous la table. Les gouvernants, les vrais, les quelques-uns qui savent ce qu'ils font, en connaissent l'existence. Mais les citoyens en sont soigneusement tenus à l'écart. C'est l'ignorance entretenue des citoyens qui protège l'arbitraire des puissants. Et ceci est une spoliation.

Rien ne serait plus facile que de sortir de cette situation : il suffirait de contrôler le pouvoir, d'organiser la séparation des pouvoirs, pour qu'il soit contraint de renoncer aux abus de confiance et aux abus de pouvoir, qui au bout du compte ne rapportent rien à personne, vraiment, en tout cas rien d'important à personne d'important.

Le pouvoir lui-même était organisé pour être opaque au citoyen. Et en cela, il était une illusion. Tel fut mon premier doute sur le spectacle démocratique. Je décidai de ne plus m'en faire le complice.

Et de ne plus prêter la main non plus à la deuxième dérive qui m'apparut. La dérive du court terme, qui rend impuissant.

C'est la dette qui me fascina d'abord et m'arracha au confort des gouvernements sans lendemain. Dans la deuxième moitié des années 90, il m'apparut que l'irresponsable légèreté avec laquelle les gouvernants traitaient les générations à venir relevait de la non-assistance à futur en danger. Pour les familles, il existe une disposition du code des successions qui permet de refuser un héritage si le passif laissé par le défunt est trop lourd. Rien de tel pour les générations plombées par des aînés désinvoltes !

Je ne reprendrai pas la litanie des chiffres. Tous ceux qui y trouvent intérêt, tous ceux qui peuvent être convaincus par les démonstrations arithmétiques, en ont fait le tour depuis longtemps. Dès ces années 90, dans l'insouciance générale, il devint évident pour moi qu'au cours de ces années de croissance respectable, la prudence et la nécessité devaient obliger à des attitudes plus courageuses. La ponction sur l'activité du pays rendue inévitable pour assumer les annuités de notre dette ne pouvait que plomber les années à venir. Plus encore, l'aveuglement collectif qui empêchait de poser ouvertement et avec franchise devant le pays la question d'un changement de cap aurait une conséquence certaine : l'appel à l'endettement ne pouvait que s'accélérer ! Ce n'était pas seulement un cercle vicieux : c'était un tourbillon infini, un *vortex*, un maelström, comme disent les savants lorsque se vident leurs lavabos.

Dès cette fin des années 90, j'ai fait de ce combat contre la dette un emblème de mon engagement auprès des Français. J'ai montré combien toutes les dérives de notre temps s'en partageaient la responsabilité. Légèreté dans la décision, manque de respect pour les équilibres « naturels », compromission des générations à venir, aveuglement devant l'accident inéluctable qu'on prépare.

Mes craintes, si peu partagées, étaient désespérément justes et fondées. En dix ans, le montant de la dette française a été multiplié par près de trois, et chaque foyer français y est engagé pour près de 70 000 euros qui devront être prélevés sur son travail et son épargne.

C'est pourquoi j'ai proposé dès ces années 2000 qu'on inscrive dans la Constitution, en tout cas dans une loi solennelle, la *règle d'or*, ce véritable principe de précaution qu'est l'interdiction des déficits, en tout cas en période de croissance. C'est pourquoi j'ai proposé précisément une stratégie dynamique de rééquilibrage des dépenses publiques, augmentation zéro des dépenses, maintenue strictement pendant au moins trois années, accompagnée d'une augmentation fixée à l'avance et sans surprise des ressources de l'État, en particulier par une augmentation mesurée de la TVA, une redéfinition de l'impôt sur la fortune dont je proposais de faire un impôt de solidarité sur le patrimoine, à assiette large et à taux faible.

Cela a été mon combat, jamais abandonné, et même jamais négligé, dont je ne me suis jamais laissé distraire, même par les caricatures.

Mais dénoncer le symptôme ne sert à rien si n'est pas identifiée la cause du mal.

Pourquoi, depuis des années et des années, étions-nous obligés de toujours emprunter pour faire nos fins de mois ? Pourquoi ce mal français ?

Nous sommes obligés d'emprunter parce que notre économie, notre appareil productif, nos entreprises ne créent plus assez de richesses et plus assez d'emplois. Notre modèle social est un des plus exigeants au monde, il est donc forcément un des plus chers. Il en est de même avec notre modèle de services publics. C'est parce que nous ne pouvons plus financer ce modèle avec des ressources normales, fournies par une économie en bonne santé, que nous empruntons, année après année et mois après mois, pour prolonger encore un peu nos dépenses collectives, notre train de vie.

Cet affaiblissement continu, cette anémie comme on dit en médecine, les chiffres les décrivent avec précision. En douze ans (les courbes se cassent en l'an 2000), notre commerce extérieur devient catastrophique, et désespérante aussi notre balance des paiements[1].

1. La balance commerciale, c'est la différence entre ce que notre pays achète à l'extérieur de nos frontières et ce qu'il

Cela a été mon combat pendant une décennie, contre la dette et pour le rétablissement de la production.

Pour préparer la campagne présidentielle de 2012, j'en ai fait un livre, *2012 état d'urgence*[1]. Le thème du « produire en France » a touché l'opinion et a donc été aussitôt repris et dupliqué par les autres candidats. Mais reprendre les mots, même avec véhémence, ne fait pas une politique cohérente. Bossuet a tout dit de la question : « Le Ciel se rit des prières qu'on lui fait pour détourner de soi des maux dont on persiste à vouloir les causes. »

Pas d'équilibre des comptes sans baisse des dépenses et chasse au gaspillage. Pas de nouveau départ pour la production si l'État demeure embarrassé et bloqué par lui-même comme il l'est, si le soutien aux entreprises n'est pas établi comme l'ardente obligation

---

y vend. La balance des paiements, c'est la différence entre les sommes qui entrent dans notre pays et les sommes qui en sortent. Les résultats des deux balances, bien que liés, ne sont pas identiques, parce que le tourisme, par exemple, fait entrer de l'argent dans notre pays qui n'est pas dû à des ventes à l'étranger. De même, les investissements d'étrangers en France font entrer de l'argent sur le territoire national (mais en donnant aux investisseurs étrangers la propriété des entreprises acquises).

1. François Bayrou, *2012 état d'urgence*, Plon, 2011.

de toute la société, si le droit social demeure un labyrinthe, si le contrôle tatillon vient bloquer les initiatives, si le créateur de richesses ne peut sereinement envisager d'en garder sa part, si l'éducation ne libère pas les richesses humaines et professionnelles que doit porter une génération, si le consommateur ne se responsabilise pas en participant au soutien des créateurs de son pays, si au sein de la nation ne s'affirme pas l'idée que tous sont dépendants de tous, et si l'on fait flamber les ressentiments des uns contre les autres. Tout se tient ! Une politique est un bloc ! Et la politique de la nouvelle ère nécessaire au pays devait sur chacun de ces sujets tourner le dos aux impasses de la politique précédente. Et tout cela supposait au préalable que soient résolues dans l'esprit des citoyens deux questions de fondation : la question européenne et la question démocratique. Nous y viendrons.

En tout cas, pour tout cela, il faut une volonté ardente de pédagogie et une lutte sans pitié contre la démagogie.

Le choix du printemps 2012

Ma conviction, hier comme aujourd'hui, est qu'il n'existe aucun autre chemin à suivre pour que la France recouvre sa santé, son allant, sa joie de vivre, comme le pays rayonnant qu'il est dans sa vocation d'être et qu'elle a tous les moyens de redevenir.

La majorité des Français en 2012 n'a pas voulu entendre cette proposition.

Ai-je commis des erreurs de campagne ? Bien sûr. Sans doute. On en commet toujours et je n'échappe pas à la règle commune. On risque plus d'erreurs encore lorsqu'on sort des traces rebattues. On est moins sur les rails et donc exposé à bien des embardées.

Il demeure qu'il est plus difficile de convaincre lorsque son projet est un projet d'effort national, et de remise en cause, alors que toutes les autres propositions présentées aux électeurs affirment que l'effort est évitable ! Il est infiniment plus facile d'asséner que la seule question à poser n'est pas « quoi ? », que faire, que vouloir, que choisir, mais « qui ? », qui gouvernera, qui nous évitera l'autre, l'ennemi de camp, la droite pour la gauche, la gauche pour la droite, même si personne n'y croit plus vraiment, en tout cas l'adversaire, ce pelé, ce galeux, d'où viendra tout le mal. Puisque tout l'art de la politique partisane consiste à désigner un adversaire.

Immense tromperie. Quand c'est le bateau qui est en perdition, qu'il est urgent de colmater les voies d'eau, de réparer sa structure, rien n'est plus vain que la guerre des équipages qui se battent pour savoir s'il faut aller à tribord ou à bâbord. Enfantillages ! La question n'est pas de savoir si l'on préfère un bord ou l'autre : il faut sauver le bateau !

Et au fond, on retrouve là la vision de l'histoire qui était celle de Péguy, quand il affirmait qu'il y avait en histoire des « périodes » et des « époques »[1]. Il voulait dire des temps

1. Après Auguste Comte et Saint-Simon qui définissaient dans l'histoire des « âges organiques », où l'ordre en place

ordinaires ou presque, apaisés, des temps où chacun vaque à ses occupations, où les joutes, au fond, sont des jeux, et des temps qui sortent de l'ordinaire, où pour un peuple se joue l'essentiel, vie ou mort, survie ou déclin, fin ou commencement. Période bonasse, ou époque épique. La politique n'est pas la même selon qu'on prolonge une période ou qu'on essaie de survivre à une époque. Et les peuples, c'est normal, ont toujours envie d'éviter le stress des grandes remises en cause et de retrouver le confort des vieilles mêlées.

Ce fut pourtant le choix du pays profond en 2012. Les Français ont donc voté contre, contre Sarkozy ou contre Hollande, massivement contre. Il y eut un revers à cette médaille et nous n'avons pas fini d'en payer le prix : une majorité de contre, cela ne fait pas une adhésion, encore moins une lucidité.

Très vite, dès l'hiver 2012, s'est senti le triomphe des « contre », et il est apparu que le choix du second tour se limiterait au face-à-face habituel entre le président sortant et le candidat du PS.

---

est accepté, et des « âges critiques », où l'ordre habituel est contesté et remis en cause.

C'était pour moi un crève-cœur de l'admettre, tant ce choix conduisait à une impasse, dont notre pays ne sortirait pas sans casse ni sans drame. Mais les habitudes étaient trop fortes, le confort de la bipolarisation médiatique trop attirant, le « droite contre gauche » irrésistible, au moment pourtant où il eût fallu au contraire le conjurer et le dépasser. Bref, il allait falloir affronter la catastrophe du second tour[1].

Je voyais toutes les implications de ce vote en forme d'impasse. D'une certaine manière, j'avais passé ma vie à les distinguer et à les désigner. Pourtant, j'avais décidé depuis longtemps de ne pas rester dans l'entre-deux.

Pourquoi m'être imposé cette obligation ? Pourquoi n'avoir pas décidé de me taire, tout simplement ? Choisir la confortable ambiguïté.

Voyons les choses en face : c'est précisément ce que je ne voulais pas. Je ne me voyais pas faisant le Chirac de 81 : « À titre personnel, mais vraiment personnel, tout ce qu'il y a de personnel, vous voyez ce que je veux dire, je voterai contraint et forcé Giscard… », et organisant en sous-main une campagne féroce

1. L'expression est de Jean-François Kahn, *La Catastrophe du 6 mai 2012*, Plon, 2012.

pour que les RPR votent en masse Mitterrand, transmission des fichiers de militants soigneusement organisée pour que chacun d'entre eux reçoivent une lettre quasi officielle les invitant à élire le candidat du programme commun. J'aime les hommes, et les femmes, qui assument, qui n'esquivent pas, qui ne se défilent pas, les caractères entiers, et pas les flageolants.

La deuxième raison est que je suis un centriste assumé. On dit des centristes qu'ils « ne savent pas où ils sont ». Je sais très bien où je suis.

La nature du centre, ce n'est pas l'entre deux chaises. La nature du centre, c'est d'être une résistance à la stupide bipolarisation.

La nature du centre, c'est de dépasser et de surmonter les antagonismes, les rivalités et les haines, pour inventer la coopération entre partenaires. C'est pourquoi le projet européen a été inventé par cette famille du centre en Europe, particulièrement en France et en Allemagne.

La nature du centre, c'est de postuler qu'il existe une vérité politique accessible à l'esprit et au cœur des citoyens, une vérité politique une et indivisible plus forte que les antagonismes partisans, et accessible par le débat et la délibération.

La nature du centre, c'est de porter dans le concret, dans le réel, de l'école à la cité, un humanisme qui ne soit pas seulement dans les mots mais dans les actes.

Il n'y a qu'un travers qui compromette la force et la reconnaissance du centre : c'est le refus du risque, l'incapacité à choisir, la peur de déplaire, le conformisme tiède.

Si le centre est tiède, il est mort.

« Petits cœurs, petites bouches, ceci n'est point pour vous », crie Bernanos.

Plus on adhère à cette pensée d'équilibre, de justesse, de nuance, plus il faut accepter d'y adjoindre le style, le panache, la langue féconde et drue, et les choix tranchés qui vont avec. Les choix libres.

Si le centre est le centre, il n'est aucune nécessité ni aucune fatalité qui doivent le jeter toujours d'un seul côté. « Le centre, ni à gauche, ni à gauche », se moquait Mitterrand. J'ai toujours pensé que de l'aptitude du centre à retrouver sa liberté de choix dépendait une partie de son avenir.

J'ai vécu l'approche du second tour de cette élection présidentielle avec une complète liberté d'esprit, déterminé, si je ne pouvais être présent au second tour à faire le choix qui serait le plus utile pour notre pays. Et je ne savais pas encore lequel.

Je voyais Nicolas Sarkozy en action depuis dix ans.

Beaucoup de gens pensent que j'éprouve de la rancœur ou de la détestation à son endroit. J'aurai beau démentir, je ne parviendrai sans doute pas à les convaincre. Pourtant, il n'y a en moi nulle trace de ce genre d'acrimonie personnelle. Je l'ai combattu, c'est vrai, pour des raisons profondes, en tout cas profondes pour moi, et il m'a lui aussi porté de rudes coups, féroces. J'ai affronté à visage découvert ses dérives et ses excès. Mais cela ne m'a jamais fait perdre de vue, au milieu de tant d'affrontements et d'oppositions, ses qualités politiques réelles, au premier rang desquelles une immense et inlassable énergie.

J'avais écrit un livre[1] sur ses penchants et ses dérives, alors qu'il avait réuni tous les pouvoirs entre ses mains, et sur l'offensive qu'il mena au début de son quinquennat contre le modèle républicain français, en favorisant une société d'inégalités croissantes, indulgente envers les plus riches et intransigeante avec les plus pauvres, dure avec les faibles, et douce avec les forts.

Et tout au long de ces cinq années, je me suis battu, sans rien céder sur les atteintes portées

1. *Abus de pouvoir*, Plon, 2009.

au droit et aux valeurs de la démocratie ! Je savais bien dans l'affaire Tapie que ce n'était pas Tapie qui était responsable du détournement du droit et du transfert d'argent public auquel il aboutit. Tapie était le bénéficiaire. Mais le responsable était ailleurs : c'est l'État qui était responsable et ceux qui le tenaient en main, qui s'en croyaient les maîtres, sous les ordres directs de l'Élysée. Ceux qui devaient défendre les citoyens s'étaient ligués pour le spolier !

Sarkozy croit que gouverner c'est exercer un pouvoir souverain, sans redouter l'arbitraire. Il aime cette puissance, et je trouve que c'est une dangereuse ébriété que de croire à la puissance sans partage lorsqu'on gouverne.

Dans son impulsivité, je voyais aussi de larges traces d'enfance et d'adolescence inachevée, qui peuvent le rendre attachant, un total engagement dans ce qu'il entreprend, juste ou faux, sans regarder en arrière, comme si l'action était à elle-même sa propre raison. Aussi volontaire pour dynamiter en 2007[1], dès son élection, la discipline du 3 % pour le

1. Quelques semaines seulement après son élection, le 9 juillet 2007, Nicolas Sarkozy décide de participer en personne au sommet des ministres des Finances de l'Eurogroupe pour obliger nos partenaires à renoncer à l'engagement solennel pris par les gouvernements, en particulier celui de Jacques Chirac au nom de la France, de revenir à

déficit des pays européens que pour exiger son rétablissement en signant le pacte de stabilité trois ans plus tard. Tout contre et tout pour. Pour Kadhafi, jusqu'à l'accueillir avec sa tente bédouine à la porte de l'Élysée, et contre jusqu'à lui faire la guerre à mort, au sens propre du terme. Pour Bachar el-Assad, jusqu'à l'inviter à présider (!) sur le même fauteuil rouge et au même rang que le Président de la République française, le défilé de la fête nationale le 14 juillet 2008, et contre, jusqu'à exiger qu'on mobilise derechef et sans délai une expédition armée contre lui[1].

Affolement de boussole, mais moteur impressionnant.

J'avais tout cela à l'esprit dans ces mois d'éprouvante campagne. Devant l'état désastreux de la France, j'étais pourtant décidé à ne retenir pour considérer l'avenir ni les rancœurs, ni les mauvais souvenirs. C'est pourquoi j'avais même écrit dans le livre que je faisais paraître à l'été 2011 cette phrase qui fit jaser : « Je me

---

moins de 3 % de déficit ! « Je vais, dit-il alors, leur expliquer ce qu'il faut faire pour retrouver de la croissance. »

1. Première intervention publique de Nicolas Sarkozy depuis l'élection présidentielle, le 8 août 2012.

suis beaucoup opposé à Nicolas Sarkozy, mais aujourd'hui, ce n'est même plus Sarkozy la question… »

J'étais de surcroît en désaccord profond avec le programme économique finalement adopté par François Hollande, qui m'apparaissait intenable, même si mon jugement sur l'homme, sur son intelligence et son fonds politique était sympathique et positif. J'étais donc libre de mon choix, et désintéressé.

Dans ma décision, il y eut deux éléments déterminants.

Ce ne fut pas d'abord l'économie, même s'il y avait dans le programme du sortant autant d'approximations et de fausses promesses que chez son concurrent.

Ce ne fut pas non plus l'Europe, même si l'affirmation péremptoire qu'on allait en revenir à l'intergouvernemental et abandonner l'Europe communautaire, et sortir de Schengen, révoltait le bon sens autant que mon idée de l'Union.

La première raison, ce fut certainement le besoin urgent de moralisation de la vie publique en France. J'avais vu et dénoncé, souvent seul, beaucoup d'affaires. J'avais vu ou deviné l'intervention directe du pouvoir exécutif sur les magistrats dans des affaires sensibles où le pouvoir pouvait être mis en cause. Je comprenais que le sommet de l'État y était directement et personnellement engagé. L'antidote à ces poisons, c'est la séparation des pouvoirs, l'indépendance du Parlement et de la Justice. Je voyais bien que rien ne serait changé dans la perversité de ce système si des changements politiques majeurs n'intervenaient pas dans le pays. Au contraire, toutes les conditions de la dépendance se trouvaient renforcées, à l'exemple de la nomination des responsables de l'audiovisuel public directement par le pouvoir.

Ce n'est pas affaire de droite ou de gauche.

La gauche n'a aucun privilège à faire valoir sur la droite en termes d'honnêteté de l'État. Le point de départ de l'affaire Tapie, ce sont les années Mitterrand ! Les compromissions, dans les dernières décennies, n'ont jamais été le monopole d'un camp. Il est beaucoup de femmes et d'hommes de droite scrupuleusement honnêtes et scrupuleusement républicains, et identiquement d'hommes et de femmes de gauche qui respectent scrupuleusement les règles et les principes d'une démocratie libérale.

Ce n'est pas affaire de camp. C'est affaire de conception du pouvoir, affaire d'esprit, affaire d'éthique personnelle et civique. Pour apurer ces pratiques, il m'apparut qu'il fallait une alternance.

La deuxième raison fut de loin la plus importante : ce fut le choix, à mes yeux désespérant et mortifère, de la division du pays, de l'excitation des Français les uns contre les autres, comme thème principal de la campagne électorale du président sortant. Thème insupportable pour moi, impossible à admettre, non pas comme responsable politique, mais comme citoyen, comme père de famille.

Entendons-nous bien : c'est un thème électoralement efficace, un « thème de premier tour » comme disent les spécialistes, électoralement payant, je n'en doute pas une seconde. Ceux qui ont proposé et soutenu ce choix, comme Patrick Buisson qui cultive sa réputation d'éminence sombre, ont parfaitement compris une des plus vieilles lois de l'humanité : les passions sont plus fortes que la raison, et les passions noires, la détestation et la haine du voisin sont de loin plus fortes que les passions lumineuses et positives, l'amour, l'envie de construire, la compréhension de l'autre. Si vous voulez conquérir une foule, faites flamber ses ressentiments. Bush, en s'appuyant sur les noyaux les plus durs de la droite américaine, en fit la démonstration lors de chacune de ses élections.

Un thème électoral puissant et puissamment actif, mais, j'en ai la certitude, mortel pour un pays.

Nicolas Sarkozy entra en campagne en promettant deux référendums : l'un concernant la situation des chômeurs, l'autre le traitement juridique des immigrés. Bien entendu, il ne fallait pas être docteur en sémiologie pour comprendre de quoi il s'agissait. Nullement de l'assurance chômage, et de la formation professionnelle, nullement des tribunaux de l'ordre judiciaire ou de l'ordre administratif pour juger des expulsions ! Il s'agissait de donner à entendre à l'opinion qu'elle allait pouvoir, dans un débat public bien juteux, exhaler sa rancœur à l'égard de deux figures détestées d'une partie de l'opinion, des deux « profiteurs » supposés, le chômeur et l'immigré. C'était, en fait, « je vous le promets, vous allez pouvoir vous lâcher ! ».

Je n'ignore rien de la force de ces ressentiments. C'est du peuple que je suis, et pas plus idéaliste qu'un autre. Ce sont de vrais visages, de vrais chômeurs, que je connais, et de vrais sans-papiers, et même des sans-papiers qui ne sont pas chômeurs, et qui travaillent en tremblant tous les jours de se faire prendre, et des patrons qui ne sont pas non plus des contrevenants cyniques, mais qui sont bien obligés d'embaucher ces semi-clandestins, parce que personne ne veut plus des emplois qu'ils occupent. Demandez au monde de la restauration dans les grandes villes. Demandez en banlieue. Demandez aux petites, et même aux grandes entreprises du bâtiment, en Île-de-France ou en Rhône-Alpes, ou dans le Midi. Et si vous croyez que j'ignore ce qu'il y a de rage quand on voit les voisins sans emploi et qui donnent cependant l'impression de pouvoir dépenser plus que ceux qui travaillent… Et comme on peut être saisi de jalousie brûlante sur le même palier à voir le nouvel écran plat panoramique dans le salon voisin, et qu'on sait ce qu'on sait… Et ce que remuent en même temps tous les fantasmes, la polygamie, les allocations, les pécules sociaux assumés, de droit, qui ont l'air provocants. Et l'irruption de l'islam, avec vêtements et coutumes venus d'ailleurs, ceux de la rue, ceux qu'on croise au marché…

Bien sûr, je sais tout cela, ce sont les exaspérations de tous les jours. Et pas un dirigeant ne devrait l'ignorer ou l'oublier. Spécialement quand la vie lui a donné la chance, car c'est une chance, de grandir dans les milieux « populaires », comme on dit, c'est-à-dire loin de l'argent et des univers protégés.

Ces passions brûlantes, elles existent bien sûr, et elles sont fortes, et agressives, et destructrices. Elles existent et parfois elles rongent et font « péter les plombs ».

Mais le rôle d'un responsable du pays, le rôle d'un chef d'État, c'est de trouver les mots et les gestes, le regard parfois, qui fassent reculer ces sentiments corrosifs, et qui fassent, autant que possible, que ses concitoyens découvrent qu'il existe d'autres manières d'être et de penser, qu'ils imaginent ou qu'ils entrevoient que pour leurs enfants une certaine forme de tolérance, ce sera mieux un jour que la haine sourde et le regard en coin.

Je ne donne pas de leçon de morale. Je n'ai pas à en donner et je redoute les moralisateurs. Pour en distribuer, il faut se sentir au-dessus de ses semblables, et la tentation m'en est bien passée. Je l'ai jetée, moi aussi, à la rivière.

Mais je prétends pouvoir parler, comme citoyen, de ce qu'est un pays, une nation, un peuple, une famille. Et je soutiendrai, envers et contre tous, que le premier devoir, la première mission, d'un chef d'État, à la tête d'un peuple, sont les mêmes que le devoir et la mission d'un chef de famille : faire autant que possible, sans manquer aux règles et aux principes, que règne un peu de paix et de concorde parmi ceux dont il a la charge.

La division comme thème principal de campagne : le sujet culmina dans le discours de Toulouse, le dimanche d'entre les deux tours, qui promettait aux citoyens français de faire du « retour des frontières[1] », des frontières partout, les frontières rétablies entre Européens, entre « le bien et le mal », entre « le beau et le laid », et même dans l'étiquetage de l'alimentation, la « question centrale » de l'avenir.

Les frontières, c'est-à-dire la séparation, à l'intérieur du peuple et entre les peuples ! La promesse implicite de faire de la division entre « nous » et « les autres » l'obsession dominante des années à venir, l'obsession de tout un peuple, à l'extérieur, et c'est bien pire encore à l'intérieur de lui-même !

---

1. Régis Debray avait écrit en 2010 un essai brillant, *Éloge des frontières* (Gallimard), qui fut détourné dans le discours du Toulouse jusqu'à lui faire dire à peu près le contraire de son contenu.

Comme si nous n'avions pas vu que nos difficultés, des années et des décennies précédentes, venaient des autres, et pas de nous-mêmes, et qu'il suffirait de rétablir la frontière, comme un rempart, pour que ces difficultés disparaissent.

De sorte que cette affirmation manquait aux deux impératifs pour moi les plus importants : l'impératif de lucidité et l'impératif d'unité.

Lucidité : nos difficultés ne viennent pas d'ailleurs, de l'étranger, ou des immigrés, de la mondialisation, de l'Europe, de l'Afrique, elles viennent de nous-mêmes et nous pouvons les conjurer. Ce n'est pas la faute des autres si nous ne savons plus apprendre à lire à nos enfants, ou si notre droit du travail est inadapté, ou si nous avons choisi des productions de gamme moyenne alors que nos voisins choisissaient le haut de gamme. C'est notre responsabilité, et nous ne corrigerons nos erreurs d'orientation que si nous prenons conscience des causes de ces erreurs et des remèdes à apporter !

Unité : ce n'est pas en nous divisant, en ciblant ces figures de l'étrangeté et souvent de la pauvreté, le chômeur ou l'immigré, que nous progresserons mais au contraire en trouvant à chacun sa place, en comprenant ce que nous avons de commun, et en faisant progresser la compréhension réciproque ! Réciproque, ce qui veut dire, la compréhension de « eux » par « nous », et tout autant la compréhension de « nous » par « eux ». Et en écrivant eux et nous, je sais fort bien qu'il existe mille « eux » et mille « nous »... D'où la nécessité d'enseigner vraiment, avec exigence, notre langue, et notre histoire, et la géographie du monde, par exemple l'Afrique, ou plutôt les innombrables Afriques, et de comprendre les nuances, les nôtres et les leurs !

Pendant ces jours où étaient proférées de telles déclarations de guerre à tout ce que nous avons aimé, à tout ce que nous avons été, pendant ce temps, dans la majorité de l'époque, tout le monde se taisait ! Pas une des consciences autoproclamées « humanistes », pas un des autoétiquetés « centristes » qui soutenaient Nicolas Sarkozy n'a même ouvert la bouche pour le mettre en garde[1] ! Tous sont passés sous le tapis, ont choisi de se faire oublier. Ont-ils conscience que des centaines de milliers d'électeurs, une minorité, mais une minorité décisive, ne pouvait pas admettre ce

1. Un seul député, Étienne Pinte, un seul sénateur, Jean-René Lecerf, ont publié un communiqué de désaccord. Et tous les deux venaient de la tradition gaulliste...

qu'ils ressentaient comme une dérive ? Et que ce faisant ils acceptaient que leur candidat se crée un handicap définitif ?

L'unité pour un pays en crise, je crois que c'est la condition première du redressement.

Si je cherche dans l'histoire les nations qui ont réussi à échapper à un lent effondrement, je n'en trouve pas qui ne l'aient fait en s'unissant, en rassemblant leurs forces au lieu de se diviser.

C'est toujours le cas en temps de guerre. Quand la survie du pays est en jeu, l'unité nationale s'impose et nul n'ose la discuter.

Nous sommes en un temps au moins aussi dangereux et pour beaucoup d'entre nous aussi inquiétant. La survie du pays, du moins sa survie en tant que pays puissant et prospère, est en question. Et cela se ressent dans toutes les familles, auprès de tous les jeunes, autant que dans le jugement et le regard du monde qui nous entoure.

L'unité, impératif des temps de guerre, ce devrait être aussi l'impératif des temps de grande crise.

Regardons l'Italie : quand fut venu, après les dégâts de l'ère Berlusconi, la dernière chance du redressement, les trois grands partis ont dû s'accorder pour soutenir le gouvernement de reconstruction nationale de Mario Monti. Quand cette union éclatera, l'Italie retrouvera le risque. Regardons la Grèce. Après l'effondrement des finances du pays, après l'échec du socialiste Papandréou, élu sur un programme de promesses et obligé de se faire le syndic de faillite de la droite qui l'avait précédé, il fallut que les principaux partis modérés acceptent de se réunir, dans un climat d'urgence et d'agitation populaire pour faire face à l'urgence et proposer une politique de sauvegarde. Et l'on n'est pas sûr que cela suffise... Pour l'Allemagne, le plan Schröder ne put porter ses fruits que parce qu'une alliance des deux courants principaux de centre droit et de centre gauche gouverna pendant quatre années sous l'autorité d'Angela Merkel. Les Pays-Bas seront gouvernés après les élections du mois d'octobre par une coalition des grands courants modérés et pro-européens de centre droit et de centre gauche.

Et dans le passé de la France, de Gaulle rappelé au pouvoir dans le drame algérien mit en place un gouvernement d'union qui allait des socialistes à la droite de Pinay en passant par le centre et le MRP.

La loi de l'unité du pays est celle qui s'impose lorsque les crises ne peuvent être résolues par le jeu des affrontements partisans et la domination d'un camp sur l'autre.

La question de l'unité chez nous en tout cas, en France, est décisive.

Et la recherche de l'unité exige que se construise dans l'esprit du plus grand nombre des citoyens une hiérarchie de l'urgence, une définition de ce qui est essentiel, des questions dont dépend la survie du pays. Ces questions dont toutes les autres dépendent.

Car il n'est aucune question d'intérêt catégoriel, d'âge, de passion, de profession, de corporation ou d'opinion qui puisse être résolue au sein d'un pays qui s'affaiblit sans cesse.

L'unité ne se construit pas à l'aveugle. L'unité n'est pas confusion. L'unité politique suppose abnégation et désintéressement de la part de ceux qui y participent. Mais elle exige aussi une entente sur l'essentiel, qui dépasse de beaucoup les préférences d'opinion, de beaucoup plus encore les préférences partisanes.

L'unité est le passage obligé pour reconstruire un pays déglingué et moralement découragé comme le nôtre.

Tout appel à la division est l'ennemi de cette reconstruction. Il la rend impossible dès l'instant qu'il s'appuie sur les passions noires et destructrices, dès l'instant qu'il cible non seulement les convictions, mais l'origine, la religion.

Voilà ce qui a emporté ma décision de choisir et de favoriser l'alternance.

HOLLANDE DEVANT SON DEVOIR

Je savais précisément que le programme économique du PS entrerait en collision avec la réalité.

Mais je connaissais assez François Hollande pour savoir qu'en matière d'unité du pays, il jouerait spontanément la carte de l'apaisement des tensions. C'était sa nature profonde. On lui en fait souvent le reproche. Pour moi, et dans les circonstances qui étaient celles de la crise et de la montée des ressentiments, cette tendance naturelle était au contraire louable et serait, au moins pendant quelques mois, favorable à une pratique politique nouvelle.

J'ai rencontré François Hollande au milieu des années 90, avant même qu'il ne soit élu député, alors qu'il était l'animateur des clubs Témoin de Jacques Delors. Nul n'ignore mon admiration affectueuse pour Delors. Cet homme a toujours été pour moi un repère. Son engagement n'a sacrifié à la politique politicienne ni sens moral ni goût de la vérité. En fait, j'ai toujours considéré que nous appartenions au même grand courant politique du centre gauche au centre droit qui s'il avait été uni aurait gouverné la France.

Avec la figure tutélaire de Jacques Delors, il était naturel qu'il y eût entre nous dès le début une discrète mais réelle parenté intellectuelle.

François Hollande est intelligent, vif, esprit volontiers caustique, et assez secret pour être intéressant.

Nous avons beaucoup parlé ensemble au travers du temps, spécialement ces dernières années, quand nous traversions de concert les déserts politiques.

Après son départ du secrétariat du PS, nos bureaux étaient voisins. Quand je le rejoignais dans le sien, c'était dans une ambiance de capharnaüm d'étudiant prolongé. Mais sa tête au moins était ordonnée. Ce qu'il exprimait à l'époque, de la dette, des déficits, de l'économie, de l'équilibre des institutions, était proche de ce que je croyais et défendais.

Nous parlions en confiance : nous n'avions rien à gagner auprès de l'autre, que l'échange des idées et des rires. Car il faut avouer que nous riions beaucoup, et pas toujours charitablement, des étranges spécimens qui forment l'essentiel de la faune politique.

À l'époque il était à 3 % dans les sondages qui mesuraient la préférence des Français pour la candidature du PS. Mais je suis un athée des sondages et je ne croyais pas aux chances de Dominique Strauss-Kahn qui dans ces années paraissait écraser tout sur son passage. Hollande me semblait plus équilibré, et même Martine Aubry avait visage plus populaire.

Ma déception a été d'autant plus profonde à la lecture du programme du PS, et davantage encore de l'acceptation de ce programme par le candidat Hollande.

Je l'ai dit aussitôt. J'ai employé à propos de la partie économique de ce programme l'adjectif « insoutenable », jugement que je maintiens, ou plutôt que la réalité martèle chaque jour avec véhémence et bientôt cruauté.

Ce qui était important dans ce programme, ce n'était pas les paroles, c'était l'air de la chanson. Les paroles étaient très approximatives, il manquait au bas mot 15 milliards à l'addition, mais aussi navrant que soit ce constat, tout le monde s'en fichait : il en manquait 30 chez Sarkozy. Et les approximations de l'un faisaient excuser les approximations de l'autre.

Mais l'air que le programme du PS fredonnait susurrait de bien agréables promesses.

Le « changement », c'était « maintenant ». Le slogan dispensait de réfléchir. Il avait été choisi pour cela.

J'ai toujours eu beaucoup de doutes, mes amis le savent, sur la substance du mot « changement » que j'ai utilisé autrefois comme tout le monde.

Séguéla un jour était venu me voir et m'avait dit : « Quand vous cherchez un slogan et que vous n'en trouvez pas, prenez le "changement" ! » Et il m'avait raconté, en riant de son bon tour, que, chargé dans les années 80 de la communication de Wade, éternel adversaire de l'inamovible président sortant du Sénégal Abdou Diouf, il lui avait proposé comme slogan le mot « changement » en wolof. Je me souviens encore que dans cette langue « changement » se dit « *sopi* ». Diouf fut réélu, mais le score de Wade fut si bon que, lors de l'échéance suivante, ce fut Diouf qui recruta Séguéla pour diriger sa campagne. Et quel fut donc le slogan vendu par l'universel conseiller ? Le « *sopi* », qui devint donc le mot de la campagne du sortant !

Le « changement » du PS était à peu près aussi consistant. Mais il disait entre les lignes, entre les notes, quelque chose de très compréhensible par l'électeur, et de très faux. Il disait qu'il suffisait de remplacer le « mauvais garçon » rue du Faubourg-Saint-Honoré par un « bon garçon », le mauvais camp au gouvernement par un bon camp, pour que reviennent les beaux jours. Or c'était un peu court.

Le « changement » disait que le temps des facilités reviendrait : le temps des postes, on allait en créer 60 000 dans l'Éducation nationale, le temps des allocations, on allait augmenter de 30 % l'allocation de rentrée scolaire, le temps de l'argent public facile, on allait renégocier le traité européen pour supprimer les contraintes et imposer une relance européenne généralisée.

C'était illusion. Illusion et compagnie. Je ne dissimulai aucune de mes réserves, au point que l'on me reprocha d'être plus sévère avec Hollande qu'avec Sarkozy[1].

1. Voir par exemple l'interview de *Marianne*, 6 février 2012.

C'était le dilemme de ce second tour : d'un côté l'illusion, de l'autre la division.

Pris entre ces deux impossibles, j'ai tranché à la veille du second tour, avec une conviction, qui est pour moi une certitude et qui se lit à toutes les pages de notre histoire nationale : un pays peut revenir de ses illusions, il ne revient pas de ses divisions, de ses détestations, de ses haines, lorsqu'elles flambent.

Les illusions sont nuisibles, les haines sont mortelles.

Le réel fait déchanter les illusions et les illusionnistes. J'en avais la certitude : lorsque l'heure de vérité viendrait, le pouvoir socialiste serait obligé de changer de politique. Et ce serait un grand bienfait pour le pays de voir enfin abandonnée et reniée la grande machine à fabriquer des leurres. C'est ce que j'ai dit aux Français : « La France a besoin d'alternance et la gauche a besoin de découvrir le réel. » J'avais la certitude que la gauche, placée devant les responsabilités du réel, serait obligée d'assumer la pédagogie des réformes qu'elle refusait et combattait hier.

Cette prise de conscience a commencé. Elle va s'accélérer. Les chimères apparaissent pour ce qu'elles sont, les solutions sont esquissées, mais pas encore entrées dans la réalité.

J'écris ces lignes sans savoir encore ce qu'il adviendra des années Hollande, au moment même où va se jouer l'essentiel.

Il est des jours où j'approuve sans réserve son action. C'est le cas, par exemple, pour la décision d'intervention au Mali. Nous étions placés par la tentative d'invasion du Sud Mali devant deux dangers également insupportables. D'un côté, la prise de contrôle par les fanatiques jihadistes d'un grand pays d'Afrique de l'Ouest. Après l'Afghanistan, un abcès enflammé au cœur d'une grande région fragile du monde. D'un autre côté, plusieurs milliers de Français et d'Européens qui vivent à Bamako et dans sa région pris en otages par ces légions fanatisées. L'un et l'autre des deux risques étaient imminents et également inacceptables.

La décision a été franche et tranchée. C'est ce qu'il fallait. Même si l'on peut redouter que rien, par la suite, ne soit facile.

En matière économique et sociale, j'approuve le choix de la négociation chaque fois que possible. L'accord entre patronat et syndicats réformistes a été un pas en avant, modeste mais substantiel, vers une plus grande souplesse.

Mais à côté de ces points positifs, bien des questions sans réponses, des inquiétudes et bien des erreurs non corrigées !

François Hollande avait promis qu'il romprait avec la politique systématique de nominations arbitraires ou de pure préférence partisane. Ces nominations, au contraire, se sont multipliées au cours des premiers mois du quinquennat. Comme avant l'alternance...

J'ai chaudement approuvé les orientations économiques, annoncées au mois de novembre, qui sous le nom de « politique de l'offre » visent à soutenir les entreprises, à alléger leur charge fiscale et sociale, en organisant d'abord des économies d'argent public. Mais comment ne pas voir qu'aucune de ces économies annoncées n'est encore, quelques mois après, clairement définie ?

Chaque semaine, ou à peu près, on répète le chiffre de 20 milliards d'économies pour cette année. Mais les décisions d'économies réelles, comme l'horizon, reculent au fur et à mesure que l'année avance.

Ainsi aussi (on doit espérer que cela ne durera pas) des annonces concernant la moralisation de la vie publique, fin du cumul des mandats, privilèges indus, représentation des minorités. Mais là aussi, il est à craindre que l'horizon recule à mesure que le temps avance.

Du choix que je fis au printemps, je savais que viendraient bien des vagues et des tempêtes. Mais dans ma conception non pas de la vie politique, mais de la vie tout court, il n'est pas d'autre choix que de suivre son chemin. Quand l'essentiel est en jeu, le courage n'est pas une option. On fait ce qu'on doit faire, et voilà tout.

J'ai été battu par le Parti socialiste dans la circonscription des Pyrénées où je suis né, où je vis, et que je représentais à l'Assemblée nationale depuis ma jeunesse.

Il était normal que mes concitoyens de droite soient émus et fâchés par ma position. Comment en aurait-il été autrement ? J'ai partagé bien des combats avec eux et je les estime. La plupart sont des modérés. Mais tout modérés qu'ils soient, pour beaucoup d'entre eux, les socialistes, la gauche, c'est l'enfer. Ces mois de campagne avaient fait remonter tant de fantasmes ! J'allais remettre le pouvoir aux communistes, aux trotskistes, jamais plus ils ne me parleraient ! Des centaines de lettres anonymes. Des menaces. Des gens qu'on croise dans la rue, qu'on connaît peut-être, et qui prennent le temps de calligraphier des messages de menace non signés, parce que vous n'avez pas voté comme eux...

Mais de l'autre côté, le PS décida que puisque j'avais eu l'imprudence de soutenir son candidat, de lui apporter un appui peut-être décisif, le moment était venu de régler les comptes. Leur raisonnement fut simple : puisqu'il s'est fragilisé auprès de son électorat traditionnel en nous aidant en un moment crucial, c'est le moment de l'abattre.

Cela ne m'a pas surpris. J'ai, depuis des années, expérimenté le sectarisme des appareils et de leurs figures locales. Le sectarisme, comme la bêtise dont il est un des visages, donne une idée assez approchée de l'infini.

Et si l'on réfléchit bien, c'était logique ! Toute ma vie je me suis battu contre la fermeture du PS, sa logique de clans qui ont, par exemple, empêché Delors de devenir président de la République. « Je n'aurais pas la majorité de l'action politique que j'estime nécessaire », avait-il déclaré le jour où il renonça.

Si l'on considère que je suis en guerre depuis plus de vingt ans avec ce sectarisme-là – hors de la carte du PS, point de salut – et avec cette idéologie – celle qui refuse de voir le monde comme il est, pour se bercer de mirages, dépense publique, 35 heures, protection des plus protégés, abandon des autres, notamment des jeunes en déshérence –, alors il y avait une certaine logique à voir ce PS-là poursuivre la lutte jusqu'au bout.

J'avais choisi de ne rien marchander. J'aurais pu, sans doute, bien sûr ! C'était facile. Mais cela aurait été revenir sur tous mes engagements. Je n'avais pas consacré des années à prôner l'indépendance du centre par rapport à la droite pour, au moment venu, le faire basculer à gauche. Libéré de la tutelle de l'UMP, je n'allais pas le faire tomber sous la tutelle du PS. Qu'aurait-on pensé à l'instant ? Son centre « indépendant », c'était seulement de changer de bord... Et les plus tordus auraient ajouté que je l'avais fait pour sauver mon siège, dans une circonscription réputée difficile. Ce marchandage aurait été un reniement. Je ne suis pas porté au reniement.

François Hollande aurait-il pu faire qu'il en soit autrement ? Sans doute. Il a fait de petits signes[1]. Mais il ne s'est pas engagé davantage.

1. Volontiers, il a organisé une rencontre publique à l'Élysée, conclue par une poignée de mains chaleureuse, à destination des photographes... et des électeurs.

Il n'a pas tapé sur la table. Pas davantage que ne se sont engagés les nombreux responsables socialistes qui m'ont appelé pour me promettre leur soutien, et qui, au bout du compte, se sont tus avec persévérance.

Il y avait dans cette indifférence un message politique. Message adressé à tous ceux qui avaient voté Hollande sans être socialistes et même sans être de gauche. Quelques millions de Français, quatre ou cinq millions peut-être. Ceux qui avaient choisi au terme de débats de conscience parfois douloureux d'apporter au second tour leur suffrage au candidat du Parti socialiste, bien qu'il ne soit pas « de leur camp ». Pour obtenir l'alternance républicaine. Tous ceux-là se voyaient rejetés comme s'ils n'avaient pas existé. À la vérité, on avait connu le même rejet, symétriquement, lorsque l'élection de Jacques Chirac au second tour de 2002 (82 %) avait mobilisé, contre leurs réflexes et leur histoire, des millions d'électeurs de gauche, qui s'étaient vus renvoyés, dès l'élection acquise, avec le plus grand mépris. Dans un cas comme dans l'autre, passé le second tour, aucune liberté d'esprit n'était plus acceptée : seule la soumission donnait droit de cité.

Bien sûr, ce choix du PS a servi d'argument massue à tous ceux qui veulent ancrer le centre à droite et seulement à droite. « Vous voyez bien, disent-ils, il est allé jusqu'à voter Hollande et ils lui ont claqué la porte sur le nez ! »

C'est un argument que j'entends, mais que je récuse. Ce n'est pas parce que l'emporte la fermeture que je vais renoncer à plaider la nécessité de l'ouverture. Ce n'est pas parce que le sectarisme triomphe que je vais renoncer à le combattre. Au contraire : plus il triomphera, plus grandes seront la nécessité et l'urgence de le combattre.

Je ne suis pas plus vertueux qu'un autre. Dieu sait. Et je n'ai aucun goût pour tendre l'autre joue en politique.

Mais j'ai la certitude que cette guerre de cent ans entre deux camps irréconciliables a conduit notre pays au fond du trou où nous sommes aujourd'hui, et n'offre à coup sûr aucune chance d'en sortir.

C'est un système qui mène la France à la faiblesse chronique, l'empêche de prendre les décisions courageuses qui s'imposent, puisqu'il faut avant tout terrasser l'adversaire, réduit le débat public à des affrontements systématiques et largement artificiels, largement joués, et le condamne au bout du compte à l'impuissance.

Ce système est responsable, en grande partie, du mensonge généralisé qui a fait du premier pays d'Europe, que nous étions il y a à peine vingt ans, un pays à la traîne, qui écrase ses citoyens sous le chômage et les charges d'emprunt, les empêche de vivre et de conquérir et aveugle les citoyens au lieu de les éclairer.

C'est un système de nullité, qui écarte les responsables les plus lucides au profit des démagogues à courte vue et des cyniques avérés.

Ce système est largement responsable de nos dérives : il faut donc le combattre. Il faut porter le fer dans l'abcès qui nous infecte depuis trente ans.

Au bout du compte, la question qui est dans tous les esprits, s'adressant au nouveau président, demeure « osera-t-il ? ». Aura-t-il le courage de rompre avec le conformisme de son camp pour imposer les décisions dont dépend l'avenir du pays ? Cette question suppose que l'on lui prête une intuition assez juste de la direction à suivre, y compris la prise de distance avec son parti, mais que les doutes portent sur sa faculté à prendre les risques, pourtant vitaux, qu'exige la période.

Imaginer que l'ambiguïté ou l'habileté pourraient suffire, c'est se tromper sur la gravité des choses. On n'efface pas deux ou trois décennies d'erreur et d'irrésolution sans entrer dans le vif.

J'ai pensé depuis des années, à l'encontre de beaucoup, que François Hollande pourrait porter les changements nécessaires. Et il est plus difficile de porter les changements contre ses amis que contre ses adversaires.

Pourtant les temps exigent de profondes remises en cause, et une forte résolution. Il faut certes admettre que cet exercice de volonté n'est pas confortable, sinon il y aurait beaucoup plus de courageux. Mais il est nécessaire. Et c'est sur ce point qui exigera de changer la structure de la vie politique française que François Hollande, au bout du compte, sera jugé, et d'abord par lui-même. C'est là que François Hollande a rendez-vous avec son destin et avec le destin de son pays.

Les mois et les années qui viennent diront s'il réussit à se libérer des habitudes de pensée de son parti, pour donner à la France une pratique politique nouvelle, rendre à notre démocratie ses principes et faire entrer dans la réalité la politique de redressement dont nous avons besoin. Il le peut, s'il le veut. Il le peut, et c'est la première fois depuis des lustres.

C'est une occasion qui n'a pas eu beaucoup de précédents. Michel Rocard, peut-être, quand il fut nommé à Matignon. Jacques Delors, quand les Français étaient prêts à le porter à l'Élysée. Cette fois, si le pouvoir décide d'assumer le courage nécessaire, la pression des événements est telle qu'il peut être entendu.

D'une certaine manière, ayant pris mes responsabilités, j'ai rendez-vous avec les Français comme avec moi-même. La dégradation des choses dans le pays, la montée des intolérances et des affrontements étaient telles que l'alternance était indispensable. Sur ce point, je n'ai aucun doute. Mais il est vrai aussi que j'avais en tête un autre pari : c'est que cette alternance, à la différence des autres, en raison de la situation et de la personnalité du président élu, pouvait entraîner la profonde mutation, civique et réaliste, dont la France a besoin, changement de politique et changement d'institutions.

Sur ce deuxième défi, je n'ai pas et nous n'avons pas encore la réponse. Quand cette réponse sera certaine, dans un sens ou dans l'autre, je le dirai aux Français. Je ne me déroberai pas.

La vérité par les institutions

J'entends déjà ceux qui savent tout : « D'accord, bien sûr, d'accord ! Mais comment faire ? À quoi sert-il d'avoir de la politique une vision morale ? C'est la démocratie qui est comme ça ! Vouloir la changer, c'est vouloir empêcher la pluie de tomber ! Vous avez les mains pures, mais vous n'avez pas de mains. »

C'est eux qu'il faut mettre en accusation, eux qui se font les complices du mensonge officiel.

S'il est vrai, comme je l'affirme, que l'exclusion de la vérité en politique, c'est aussi l'exclusion de la volonté, et l'obstacle majeur à l'unité nécessaire du pays, alors ils sont coupables de ne rien faire pour que les choses changent.

Or elles peuvent changer !

Quelle est l'arme absolue contre le mensonge d'État, le mensonge qui empoisonne la politique ? L'arme absolue, c'est le pluralisme.

Quand le débat s'enferme dans sa plus simple expression, un camp contre l'autre, il suffit d'un accord implicite entre les deux protagonistes pour que le peuple soit tenu dans une ignorance qui les arrange tous les deux. La seule protection du peuple contre l'omerta des puissants, c'est la diversité des intervenants. S'il n'est que deux voix, deux camps, la « vérité » officielle éteint toute vérité dissidente. C'est pourquoi nos institutions qui excluent du Parlement 40 ou 50 % des Français, toutes les voix non conformes, sont une protection pour tous les trompeurs.

Notre règle électorale qui réserve la représentation aux deux formations dominantes et à leurs obligés est d'une spectaculaire et brutale injustice.

Elle fait offense aux règles élémentaires d'égalité des citoyens devant le suffrage. Il est des électeurs qui ne sont jamais représentés, des électeurs qui, au sens propre, n'ont pas de voix. Si par exemple, vous êtes un électeur de gauche résidant à Neuilly, votre voix ne servira jamais à rien ! Si vous êtes un électeur de droite ou du centre à Saint-Denis (93), votre voix, à jamais, comptera pour du beurre ! Si l'on additionne les voix obtenues par des gens qui ne s'aiment pas entre eux, mais qui font le débat, Front de gauche, Front national, centre, lors des trois élections présidentielles du XXIe siècle, on trouve une moyenne de 12 à 15 millions de suffrages à chaque élection, autour de 40 % des voix. Combien de députés aux élections suivantes[1] ? En moyenne, moins de 2 % !

C'est d'une si spectaculaire injustice qu'il n'est aucun pays en Europe continentale qui ait adopté un scrutin aussi brutalement déséquilibré. Et aucun pays n'a jamais envisagé de reprendre pour lui-même le scrutin français qui élimine les minorités de la représentation. L'Allemagne, elle-même, après la guerre et la barbarie qu'elle vécut, après de profondes réflexions pour que cette horreur ne se reproduise pas, choisit de mettre au rang des principes que tous les courants démocratiques substantiels[2] devaient avoir droit à une représentation strictement proportionnelle. Sur 26 pays d'Europe continentale au sein de l'Union européenne, 25 ont choisi l'équité dans la représentation. Tous. Sauf nous.

---

1. En 2012, si je compte bien, 5 élus sur 577, moins de 1 % au total.

2. Ceux qui dépassent la barre de 5 % des suffrages exprimés.

Est-ce un hasard si l'Allemagne par exemple a ouvert plus tôt que nous les yeux sur la nature et la gravité de la crise qu'elle devait affronter et a réussi à la conjurer, alors même que ce grand pays venait d'absorber le choc immense de sa réunification ?

Quand la vie démocratique donne sa place à toutes les voix, on ne peut plus dissimuler la vérité. Le dialogue pluraliste laisse surgir des opinions divergentes, les plus fructueuses, le peuple peut y réfléchir, le murissement de l'opinion et l'accouchement des consciences en sont facilités et favorisés.

Le pluralisme est un droit pour tous, parce que le droit des minoritaires n'est pas moins respectable que le droit des majoritaires. Le droit des moins nombreux à se faire entendre n'est pas moins impérieux que le droit des plus nombreux. Ce n'est pas le nombre qui fait le droit des citoyens. On a si souvent vu le nombre se tromper, s'égarer, jusqu'au tragique parfois. C'est même à cela que l'on reconnaît une démocratie : la protection du droit des minorités ! La protection des minorités, c'est la protection de tous, y compris des majorités. Ce n'est pas un paradoxe. Car la minorité lorsqu'elle est protégée dans ses droits protège la majorité de ses excès, de ses abus de pouvoir, de ses dérapages. Ce que la majorité fait subir aux minorités, si tout le monde l'accepte, si personne ne réagit, le jour viendra où elle le subira à son tour. Les excès de pouvoir dont elle se rend coupable lorsqu'elle est majorité, elle aura à les subir lorsqu'elle sera devenue minorité.

Permettre l'expression de la vérité, chercher à l'établir, même quand elle est niée par les puissants, ce devrait être la tâche des médias, bien sûr.

C'est même pour cela que dans l'audiovisuel ils font partie du service public ! Tous ! On passe cette obligation par pertes et profits. Pourtant, le service public de la radio et de la télévision est construit autour de cette obligation. C'est aussi le cas, même si tout le monde l'oublie, du reste de l'audiovisuel, dit « privé ». Car il n'est pas vraiment privé : les ondes ne lui appartiennent pas. Il bénéficie d'une délégation de service public puisque la puissance publique met à sa disposition les fréquences hertziennes qui sont le bien commun du pays, et lui délivre l'autorisation d'émettre, en contrepartie d'un certain nombre d'obligations et du contrôle du CSA.

La presse écrite d'information est d'une certaine manière elle aussi un service public, et c'est à ce titre que dans ses difficultés économiques elle est puissamment aidée par l'État, pour des sommes qui atteignent plusieurs dizaines de millions d'euros prélevées sur l'argent du contribuable.

À tous ces titres, l'obligation de recherche et d'enquête devrait être rappelée et imposée. Pourtant l'information, enquête, recherche des faits, dévoilement des réalités dissimulées, est à peu près absente des programmes. Les médias, encore trop souvent, répètent en boucle une espèce de sommaire officiel, fruit des dépêches d'agences, qui fait la une des journaux et le déroulé des programmes « d'information » continue.

Le pluralisme quant à lui est regardé comme une survivance, complètement délaissé au profit des affrontements sommaires de la bipolarisation et de la pipolisation.

Au cours de la dernière campagne présidentielle, le président sortant annonça même que s'il était réélu il mettrait un terme aux deux obligations (pourtant soigneusement non respectées) de « l'équité » et de « l'égalité » de traitement des candidats pendant la campagne présidentielle. Quelques jours d'égalité, il trouvait que c'était vraiment trop ! Il suffit pourtant de vérifier les chiffres officiels : le temps d'antenne consacré par les chaînes au sortant et au candidat du PS fut pendant des mois un quasi-monopole...

L'établissement, par tous les canaux possibles, des vérités de fait devrait être un droit des citoyens, reconnu et respecté comme tel. Si un pays s'appauvrit ou s'enrichit, si ses emplois croissent ou disparaissent, si son école réussit bien ou mal, c'est affaire de citoyens, non de spécialistes. Et ce sont des données largement objectives : la balance commerciale (est-ce que notre pays vend plus qu'il n'achète, ou le contraire ?), la balance des paiements (est-ce qu'il y a plus d'argent qui rentre ou qui sort ?), le montant de la dette du pays par rapport à sa richesse, le nombre des chômeurs, notre place dans le classement des systèmes éducatifs, tout cela est, en tout cas devrait être, parfaitement simple et compréhensible par tous, au moins dans les grandes lignes.

L'éducation civique devrait habituer élèves et adultes à maîtriser les indicateurs qui permettent de juger de la santé d'un pays. Car l'éducation civique, ce n'est pas seulement question d'institutions. Ce devrait être tout autant découverte des éléments de connaissance de la situation d'un pays. Pas des éléments exhaustifs, encyclopédiques. Rien de savant, mais le plus simple. Moins de dix indicateurs, à coup sûr, un tableau de bord pour citoyens qui permette d'avoir à l'œil l'état d'un pays. Un écran de contrôle pour le peuple souverain.

Il existe probablement d'autres canaux pour que la vérité retrouve droit de cité dans le débat public. Je ne les connais pas tous et serais intéressé de les découvrir. Mais on peut au moins être assurés de ceux-ci : institutions politiques, institutions médiatiques, éducation civique.

Le citoyen ne vient pas au monde tout armé. Il se forme, il s'éduque, et c'est un vaste travail collectif que de lui donner les instruments nécessaires.

L'Allemagne de l'après-guerre, au sortir de l'horreur absolue, eut un vaste débat collectif pour définir les garanties nécessaires qui éviteraient le retour de ces horreurs. Ce pays mit au point des institutions démocratiques élaborées, avec une proportionnelle intelligente pour représenter tous les grands courants, une vraie séparation des pouvoirs, une association des syndicats et des Églises à l'éducation collective des citoyens, des fondations d'utilité publique pour élaborer analyse et doctrines. Le système politique et civique allemand a bientôt soixante ans. Il s'est étendu sans nulle difficulté à la partie orientale du pays lorsque la réunification intervint. Nul n'a jamais proposé d'en changer les principes et l'organisation. Nous gagnerions beaucoup à réfléchir comme réfléchirent après la guerre les reconstructeurs de l'Allemagne. Les Allemands avaient à vaincre l'horreur : nous avons à vaincre l'échec.

La politique d'urgence nationale

Il est des moments où l'histoire ne permet plus l'hésitation. Le temps des demi-mesures est achevé, les décisions s'imposent, c'est l'instant d'avoir les idées claires.

La vérité apparue aux yeux de tous dicte l'impérieuse nécessité.

C'est à l'un de ces tournants que nous sommes.

Ce qui va se passer dans les mois et les années qui viennent n'est que trop clair et ne souffre pas d'hésitation.

Cette affirmation paraîtra étrange à beaucoup. Généralement, c'est le contraire qu'on perçoit. La mondialisation, l'Europe, les technologies nouvelles, la circulation effrénée des informations et des capitaux, les échanges humains qui se multiplient, tout cela donne l'impression d'un monde impossible à comprendre et à maîtriser. D'un labyrinthe. Les pauvres politiques dépassés cherchent alors des slogans pour faire croire qu'ils organisent les mystères qui les dépassent.

Je crois au contraire que les choses sont désormais assez simples.

Il y a deux grandes options devant nous, et l'une des deux est impossible.

L'option impossible, c'est la sortie de l'euro, le retour aux frontières, le rétablissement d'une monnaie en perpétuelle dévaluation, l'affirmation d'un protectionnisme censé sauvegarder notre modèle social derrière les murailles et les douves d'un prétendu château fort.

Cette option, au fond, est commune à l'extrême droite, à l'extrême gauche et à quelques autres courants qui refusent les contraintes du temps.

Cette option est idéologiquement cohérente, mais elle est réellement impossible.

Bien sûr, si tout était écroulé et le pays en ruine, comme au lendemain des grandes guerres, il faudrait bien parer à l'urgence et rebâtir comme on pourrait ce qui pourrait l'être d'un pays dévasté. Le pire n'est jamais exclu. Et personne ne vient jamais, à votre place, déblayer les décombres et creuser des fondations nouvelles.

Mais tant que nous avons à défendre une société développée, un niveau de vie conséquent, même s'il est fragile, un ensemble de services publics et sociaux, des entreprises branchées sur le monde, alors l'option de la rupture de l'euro est impossible.

La rupture ferait naître tant de malheurs et tant de misères qu'aucun responsable digne de ce nom n'en prendra le risque. Quels qu'ils ou elles soient.

Il suffit de se renseigner. Il suffit de lire ce qui s'est passé en Argentine, lorsque ce pays a rompu son système monétaire, en faisant chuter sa monnaie brutalement face au dollar, ce qu'on nous propose de faire en recréant une monnaie faible face à l'euro. En quelques semaines, le niveau de vie des Argentins a chuté de 40 ou 50 %, et la moitié de la population est passée au-dessous du seuil de pauvreté. La moitié ! Des centaines de milliers d'Argentins ont dû prendre le chemin de l'exil, pour essayer de survivre. Et dix ans après, avec des bas et des hauts, l'Argentine n'est toujours pas sortie d'affaire.

Il suffit de réfléchir une minute à ceci : nous avons sur les bras une dette de bientôt

2 000 milliards d'euros. Rembourser cette immense dette n'est sûrement pas facile, nous allons le mesurer pendant dix ou quinze ans. Mais rembourser en monnaie faible une dette libellée en monnaie forte, alors cela devient carrément impossible. Et ne pas rembourser est plus impossible encore, parce que cela signifierait que notre pays n'aurait plus du tout accès au crédit, avec les répercussions qu'on imagine sur les familles et les entreprises et l'organisation publique à laquelle nous avons l'habitude d'avoir recours.

Ce serait en peu de semaines misère et chaos. Pas dans les mots, pas comme une menace, misère et chaos dans les familles, dans les banques, dans les usines qui nous restent. Misère et chaos, non pas pour les riches, ils s'en sortent toujours, ils ont toujours les moyens de transférer à l'étranger leurs avoirs et leurs privilèges. Mais misère et chaos pour les pauvres, pour les classes moyennes, ceux qui n'ont pas les mots de passe et les relations pour se tirer du pire.

C'est pour cela, entre parenthèses, au passage, qu'il est odieux d'enrôler les ouvriers, les retraités, les pauvres, sous la bannière de la politique de rupture de l'euro. Des choix qu'on leur propose de défendre, ils seraient les premières victimes.

J'écris sans nuances, je ne fais pas dans le pastel. C'est que j'écris pour les miens, comme si le choix était imminent, et probablement il l'est.

Margaret Thatcher avait trouvé un sigle, un acronyme, pour une pareille certitude. Elle disait, ou on lui faisait dire : « TINA », *There Is No Alternative,* il n'y a pas d'autre chemin. Je ne suis pas sûr que c'était vrai dans l'Angleterre des années 90. Et sans doute au contraire. Mais je suis certain, aussi certain qu'un homme peut l'être, que c'est vrai pour nous, Français, en cette deuxième décennie du XXIe siècle.

Et je refuse que l'on présente ces choix comme des choix radicaux, ou drastiques, des choix d'austérité ou de brutalité.

Ils sont les seuls choix qui ne conduiront pas à l'injuste austérité, à l'insupportable brutalité. Ils sont les seuls choix qui permettent d'espérer que nous retrouverons en quelques années une France qui se rétablit.

Il n'y a qu'une seule option : faire face à nos obligations, et reconstruire le bateau. Pas le détruire, pas le couler, au contraire le maintenir à flot et l'armer pour les traversées qui nous attendent.

Il n'y a qu'une seule option, qui que nous soyons, quelles que soient nos préférences, de gauche, du centre, de droite, d'ailleurs. La gauche ne peut accepter de voir s'écrouler les solidarités ; la droite ne peut accepter de voir s'écrouler l'économie ; le centre ne peut accepter de voir s'écrouler le pays !... Il n'est plus temps de se laisser guider par ses goûts et ses couleurs. Les mois et les années qui sont devant nous vont nous imposer de penser à l'essentiel et à l'urgence. Et, à des nuances près, il n'est qu'une politique à mettre en place, une politique d'urgence nationale.

Non seulement cette politique de l'urgence est la seule possible, mais c'est une politique simple à définir, à formuler et à mettre en place.

La simplicité d'une politique est une des clés de sa réussite. Si une politique est simple, si elle est compréhensible par tous, elle fédère. Elle est capable de rassembler les forces disponibles. L'esprit public s'y retrouve. Si au contraire une politique n'est faite que de mesures techniques, pour ne pas dire technocratiques, le journal télévisé lui consacre dix minutes un jour, parfois trois minutes le lendemain, et elle est oubliée au mieux dix jours plus tard. C'est pourquoi une politique, ce ne sont pas des mesures, c'est une direction, une force, et si tout marche bien un aimant.

La politique d'urgence à conduire pour la France dans cette décennie doit avoir un but principal et prioritaire : restaurer envers et contre tout les forces de création et les forces de production dans notre pays. Depuis des années, ces forces de production s'effondrent dans la plupart des domaines. C'est l'hémorragie dont la nation est victime et dont nous avons le compte rendu tous les jours, qui se traduit en fermetures d'usines et d'établissements, donc en chômage, et en appauvrissement du pays.

Si cette restauration des forces de production n'est pas conduite, si elle ne réussissait pas, aucune coupe dans les dépenses, pourtant indispensable, aucune économie même importante ne réussirait à combler le tonneau des Danaïdes, celui qui se vidait au fur et à mesure qu'on le remplissait !

C'est une prise de conscience globale qui est nécessaire : toutes les forces de création, d'invention, de recherche, d'entreprise, dans tous les domaines (agricole, industriel, culturel, numérique), de services, ou commerciales, tout ce qui crée de l'activité, qui innove, qui explore de nouveaux marchés, toutes ces forces doivent avoir la certitude que s'ouvre un temps nouveau. Qu'en cette époque nouvelle, ces forces et ces entreprises, ces réseaux, devront se sentir et être effectivement soutenues, comprises, aidées, au lieu d'être exposées au soupçon, ciblées et décriées.

Bien sûr, la psychologie n'est pas tout. Mais elle fait beaucoup.

Tous les domaines concernés par cet effort de création doivent être ordonnés en vue de rassurer, de soutenir, d'encourager la réussite. Tous : banque, fiscalité, droit, règles du travail, reconnaissance sociale. Tous ces domaines doivent se voir ordonnés dans le présent et stabilisés dans l'avenir. L'incertitude et l'insécurité au travers du temps sont aussi nuisibles que les critiques directes. Il faut donc que soit assuré, autant que possible, le caractère durable des dispositions mises en place et que soient données les garanties que face au pari que constitue la création ou le développement des entreprises les conditions favorables à leur activité soient maintenues dans le temps.

Face à l'effort continu de création, la plupart du temps d'origine individuelle ou privée, l'État doit être une aide et un soutien, pas un obstacle.

C'est là que sont les racines nourricières de l'action publique. C'est d'un véritable biotope qu'il s'agit. D'un milieu naturel qui favorisera la pousse des arbres. Le biotope doit favoriser la naissance, la germination et la croissance de ces entreprises multiples.

C'est de l'écologie économique, tout aussi nécessaire que l'écologie biologique, où on sait bien que les milieux sont vitaux pour le développement des êtres vivants.

Tout contribue à l'enrichissement de ce biotope porteur : une fiscalité raisonnable, la reconnaissance que l'on peut réussir, y compris matériellement, dès l'instant qu'on crée des richesses ou des emplois qui profiteront d'une manière ou d'une autre à toute la société ; des cadres juridiques et sociaux simples et stables ; l'expression publique par les responsables du pays de leur soutien et de leur confiance ; une culture générale de la création, à laquelle doivent contribuer le lycée et l'université, qui permettra aux créateurs de se sentir compris ; le décloisonnement entre les différentes formes de création, pour que chacun comprenne qu'il n'y a pas, en matière de création et de production de toute nature, l'aristocratie d'un côté et le tiers état de l'autre et que l'artiste et l'artisan, l'entrepreneur et le chercheur appartiennent au même ordre des explorateurs et des aventuriers qui font avancer le pays et le monde.

La modernité et les défis du temps étant ce qu'ils sont, ce combat ne peut être gagné que si l'éducation de la nation répond à la plus grande des exigences. Et là encore, les exigences sont simples à définir !

La nation, pour être ou redevenir créatrice, a besoin de culture générale, en commençant par l'élémentaire maîtrise de la lecture, des mots et des nombres. C'est là que se joue l'autonomie qui est le premier pas vers la création, vers la recherche, vers l'audace. Elle a besoin que soient libérées les aptitudes à inventer, à innover, et pas seulement à reproduire. Elle a besoin que soit donnée, ou au moins encouragée, une certaine confiance en soi, une certaine assurance sans laquelle il n'est pas de prise de risque.

Voilà pourquoi j'avais choisi pour mon slogan de campagne présidentielle en 2012 deux verbes, produire, instruire, indissolublement liés l'un à l'autre.

Voilà pourquoi aussi j'ai tant insisté sur le soutien que les consommateurs doivent, dans leur propre intérêt de travailleur, de retraité ou de parent, à la production de leur pays. Si l'on ne comprend pas que le premier soutien de la formidable production allemande est parmi les consommateurs allemands, on ne comprend pas l'essor de ce pays. Il suffirait que 15 ou 20 % de la consommation française actuellement dirigée vers les importations se fixent sur notre production nationale pour que le déficit de notre balance commerciale soit effacé. On achèterait un peu plus en France, de qualité supérieure, et un peu moins à l'étranger, notamment de qualité inférieure, et nous cesserions de nous appauvrir, et nous irions vers l'équilibre !

Si cette organisation des forces est mise en place, tout changera, je le crois. Si la France, au lieu de multiplier devant tous les créateurs embarras administratifs et embûches de toute nature, non seulement leur libère le chemin, mais les aide dans leur effort, on verra notre pays prouver une nouvelle fois son efficacité et son rayonnement.

On me dira : « Qu'est-ce qui vous permet de l'affirmer avec tant d'assurance ? » Une seule chose : si nous sommes premiers en aéronautique, en luxe, en agriculture, forts en numérique, par exemple, avec tant de complications et de blocages, qui ne voit ce que sont vraiment nos forces et nos atouts ?

En peu d'années, comme on le vit à partir de 1958, la volonté et l'harmonie françaises emporteront les obstacles. Ce n'est pas ce que je crois, c'est ce dont je suis sûr. Dois-je ajouter que croire au succès, c'est la première des conditions à remplir pour l'obtenir ?

On me dira : « Mais cela exige de la majorité au pouvoir qu'elle prenne de sacrés virages ! » C'est vrai, sans doute. Mais cela exige de sacrés virages de la part de l'opposition aussi ! Car il n'est aucune chance si le pays tout entier ne sent pas la révolution des comportements politiques.

Bien sûr, il y aura des mois ardus. Les économies à faire exigeront de la solidarité, et la solidarité c'est ce qui manque le plus. Si les collectivités locales, par exemple, se mettent à protester contre la part d'économies qu'on leur demande, si les opposants refusent d'en voir l'utilité, le pouvoir sera impuissant à les imposer.

Il est vrai que ces coupes dans les dépenses n'ont jamais fait partie des programmes des deux bords. Je n'ai cessé de les défendre, au contraire. Non point de gaieté de cœur : je sais aussi bien qu'un autre qu'on attire peu en parlant d'effort. Mais parce que l'assentiment de la nation me paraissait nécessaire à son redressement, et tous les jours montrent que nous avions raison.

C'est aussi que j'ai une autre certitude, non moins assurée que la première, c'est que les marges pour une meilleure utilisation de l'argent public sont immenses. Tous les citoyens enragent de voir le peu d'efficacité d'un grand nombre de services, et pourtant nous avons les services les plus chers de tout le monde développé. Nous sommes en train de battre le record du monde : 56 % de notre PIB annuel provient de la dépense publique ! Service médiocre assez souvent, pour ne pas dire faible, et coût élevé : c'est l'assurance de progrès rapides et certains, pourvu qu'on s'en occupe avec – enfin ! – un peu d'esprit pratique et en partant du citoyen.

Soutien à la création, mise en ordre de toutes les forces disponibles, économies volontaires dans les dépenses publiques, cette politique sera, d'une manière ou d'une autre, imposée par les événements. Si nous sommes avisés, ce sera de notre propre volonté. Si nous ne le sommes pas, ce sera par la contrainte.

Mais une évidence crève les yeux.

De cette politique nécessaire, de cette politique qui s'imposera, parce qu'elle est la seule possible si la France ne veut pas perdre son projet national et républicain, et ne veut pas perdre l'espoir, la majorité qui doit la soutenir n'existe pas !

Ou plus exactement la majorité pour soutenir cette politique existe, mais elle ne peut pas s'exprimer dans notre pays.

Pour soutenir cette politique réformiste, il existe bien une majorité réformiste, mais elle est interdite d'existence : elle est bannie, elle est proscrite, on n'a pas le droit d'en parler. Encore moins a-t-on le droit de la réunir, de la susciter.

Sur les bases robustes que j'évoque : restauration volontaire de la capacité de création et de production de la France, lutte contre notre appauvrissement, création de richesses et d'emplois nouveaux, économies dans l'usage de l'argent public, notre modèle est parfaitement sauvable, il peut se renforcer et se développer dans l'avenir, une majorité de Français est prête à adhérer, pourvu qu'une volonté s'exprime soutenue par une puissante conviction et une puissante envie de vivre. Mais les règles politiques que nous avons adoptées interdisent ce mouvement de courage et de salut national !

Nous avons organisé les choses, avec des principes d'un autre temps, pour nous empêcher de soutenir notre propre sauvegarde.

Il existe une majorité de Français, majorité substantielle, de la gauche réformiste, du centre réformateur, de la droite républicaine, et tant d'autres, qui partage en réalité cette conviction. Mais on a décrété qu'ils n'auraient pas leur place dans le système politique de notre pays. On a choisi, arbitrairement, que notre démocratie empêcherait que se rencontrent et travaillent ensemble, au moins pour une période limitée dans le temps, des courants politiques qui sont en accord profond, mais que la guerre des deux camps rend à jamais étrangers les uns aux autres. On les oblige à être adversaires, donc à être divisés, donc à être minoritaires, donc à être inexistants. Et pendant ce temps tiennent le haut du pavé tous ceux qui sont ligués pour que rien ne change.

Ce système d'exclusion tient à deux règles que nous avons acceptées et dont nous avons fini par penser qu'elles sont immuables : la première, c'est le tout ou rien du pouvoir en France ; la seconde, c'est le monopole de la bipolarisation.

Tout ou rien : c'est ce qui se joue à chaque élection nationale. Ne peuvent avoir accès au pouvoir, à tout le pouvoir, exécutif et législatif, à tous les postes de responsabilité, que les vainqueurs, et il n'y a pas de contre-pouvoir. Aucun.

C'est là que commence la corruption des esprits.

Car la lâcheté collective existe, sans doute, mais elle n'est pas absolue. Le manque de caractère des uns et des autres est une réalité, mais il devrait y avoir des exceptions. Lorsqu'une telle maladie saisit la totalité d'une classe politique et la totalité d'un pays, c'est qu'existe au cœur de l'organisme contaminé un virus bien puissant. Pour corriger les dérives, il faut aller aux causes !

La cause de cette malédiction est dans nos institutions. C'est l'addition de la loi du tout ou rien et de la bipolarisation !

Lors de chaque échéance électorale nationale, comme il faut gagner à tout prix, il ne faut économiser aucune illusion et aucun mensonge. Chirac dit cela un jour à ses proches : « Je vous étonnerai par ma démagogie ! » Les autres ne l'ont pas dit, mais souvent ils l'ont fait. C'est presque pire. En tout cas le résultat est là : la victoire revient systématiquement au mieux disant démagogique, et non pas au mieux disant civique. Qu'importe la crédibilité des analyses et des promesses ! Une seule chose comptera : le nombre des électeurs qui se laisseront séduire. Et aucun autre discours n'aura droit de cité !

Dans une République pluraliste, dans une démocratie de plein exercice, les courants soucieux de faire apparaître une résistance à la démagogie, même s'ils ne remportent pas la majorité sont assurés d'être représentés. Ils savent donc qu'ils pourront défendre leur point de vue, par exemple dans les Assemblées. Ils savent que leur voix portera, même si, pendant un temps, elle n'est pas majoritaire. Avec 10 % des voix, on obtient 10 % des sièges, c'est une force considérable. Avec 20 %, on devient déterminant.

En France, avec de tels scores, on risque d'être purement et simplement éliminé de la représentation.

Et toutes les dérives deviennent possibles. Et les abus se multiplient. Aucun des principes reconnus de par le monde comme des piliers de la démocratie n'est respecté dans notre République.

Le principe de séparation des pouvoirs que tous les philosophes de la démocratie ont placé au cœur des institutions démocratiques n'existe pas en France, ou si peu qu'on est en droit de douter de son efficacité. L'installation d'un nouveau pouvoir, doté de toutes les prérogatives de nomination, s'accompagne de l'installation dans les postes de responsabilité d'amis et d'affidés. À chaque alternance, on promet une démocratie exemplaire. Et chaque fois que le pouvoir entre dans son exercice, il installe les siens partout où devraient s'imposer des magistratures de contrôle et d'équilibre. Tout ou rien ! Cette loi empêche que se crée la confiance dans les institutions et invite la totalité des jeunes gens soucieux de leur carrière à s'affilier à l'un ou à l'autre des deux camps. Des jeunes et des moins jeunes...

Et le monopole de la bipolarisation poussé jusqu'à la caricature fait que la totalité de la représentation nationale est désignée non pas par le peuple, mais par les états-majors des deux partis dominants, le PS du côté gauche et l'UMP du côté droit. Les autres courants, s'ils veulent des sièges, sont obligés d'en passer par la soumission. Alors on leur concède quelques circonscriptions... Mais tous ceux, quel que soit leur poids électoral, même s'il est conséquent, qui refusent la vassalisation se voient exclus de la représentation. Ils sont contraints de se rallier à l'un ou à l'autre, et ils deviennent donc des obligés. Ils perdent donc leur liberté de jugement, et notamment ils perdent la liberté de pouvoir approuver les décisions du camp qui n'est pas le leur, faute d'être instantanément, et pas tout à fait à tort, accusés de traîtrise et de double jeu, puisqu'ils ont demandé les voix et la protection des puissants pour se faire élire.

Or la représentation des courants indépendants, non soumis à l'un ou à l'autre des deux camps, ou la présence dans les deux camps d'esprits indépendants, est indispensable pour qu'un consensus se forme et s'élargisse.

Il est vital que des projets essentiels pour l'avenir du pays puissent être soutenus au-delà de la guerre des deux camps.

L'idée que le débat politique pourrait ouvrir la porte à une vérité établie, et que cette vérité, quand elle touche à l'essentiel, permettrait de rassembler des opinions dispersées, des citoyens en tension les uns avec les autres, des courants concurrents pour les conduire à agir ensemble, cette idée est dérangeante pour beaucoup.

La politique, pour eux, qui sont le grand nombre et peut-être la majorité, c'est l'affrontement. L'affrontement est non seulement inéluctable, mais bienfaisant. C'est aussi une imprégnation marxiste. Marx voit dans cet affrontement aller-retour, dialectique, avec la lutte des classes, le principal moteur de l'histoire.

Et que la démocratie, avec son bruit et sa fureur, s'exalte dans le combat des uns contre les autres, qu'il y ait une jouissance et une jubilation à saisir l'adversaire à la gorge et à le terrasser, que l'engagement politique soit un champ clos de passions, et pas échange courtois d'arguments raisonnables, comment l'oublier, comment le nier ?

À une condition cependant : que cela débouche sur un progrès de la société ainsi mise en débat.

Or il est frappant de constater que depuis quinze ou vingt ans ce balancement dialectique brutal, basculement d'un camp à l'autre, n'a pas permis à la France de résoudre un seul des problèmes qui se posent à elle. Notre place dans le concert des nations ne s'est améliorée sur aucun des grands sujets qui font la réputation, la force et la qualité de vie d'un pays. Pas un seul ! Nous savons ce qu'il en est de l'économie, du commerce extérieur, de l'endettement, des déficits. Mais l'éducation, mais la lecture par exemple ! Nul ne pourra soutenir, quelles que soient les ressources de mauvaise foi auxquelles il pourrait faire appel, qu'un pays remplit ses obligations à l'égard des citoyens, s'il ne leur apprend pas à lire et comprendre ce qu'ils lisent. La dernière étude internationale publiée[1] sur ce sujet ne laisse aucun doute sur notre échec collectif. La France y est classée au 29e rang des nations en matière de lecture scolaire (CM1) et le commentaire officiel indique que les jeunes Français « sont sous-représentés dans le groupe du meilleur niveau et surreprésentés dans le groupe du niveau le plus faible », nettement en deçà de la moyenne européenne.

1. Note d'analyse du Programme International de Recherche en Lecture Scolaire (PIRLS), ministère de l'Éducation nationale, *Évaluation et statistiques*, décembre 2012).

Mais l'intégration des jeunes, et spécialement des jeunes venus d'ailleurs ! Le chômage des jeunes Français dépasse les 25 %, très au-dessus de la moyenne européenne pourtant tirée vers le bas par la situation catastrophique de pays comme la Grèce, ou l'Espagne. Et le chômage des garçons descendant d'immigrés en France dépasse les 40 %, et le chômage de leurs sœurs 30 % ! En France ! Et le moral de la nation ! Les Français apparaissent dans l'étude internationale[1] qui fait autorité comme le peuple le plus pessimiste de la planète ! Mais l'appréciation de la corruption ! Le classement international sur le sujet de la corruption, présenté par Transparency International[2], nous classe au 22e rang, derrière les Bahamas, l'Uruguay et le Chili !

S'il faut juger l'arbre à ses fruits, on aura du mal à prétendre que notre démocratie nous comble et que les autres peuples doivent nous envier !

Or qu'est-ce qui différencie la démocratie française des autres démocraties européennes

1. Étude Gallup International, conduite par sondage dans 53 pays du monde, janvier 2011.

2. Transparency International, classement international des pays en fonction de leur degré de corruption, décembre 2012. Le Danemark, la Finlande et la Nouvelle-Zélande arrivent en tête. L'Allemagne est 13e.

dont les résultats, le moral, le système éducatif, la lutte contre la corruption sont indiscutablement meilleurs ? Une seule réponse : leur système politique.

Chez nous, un système politique entièrement fondé sur la conquête de l'opinion à tout prix pour donner tout le pouvoir aux mêmes jusqu'au prochain basculement. Chez eux, un système politique qui pousse au partage du pouvoir, qui oblige à convaincre et à construire des coalitions entre courants différents, donc à des progrès discutés et à des attitudes modérées. Dans un cas, la culture de l'excès, la présentation de solutions miracles, et l'affrontement systématique. Dans l'autre, la volonté de représenter tous les courants d'opinion et de les obliger à s'accorder autour de solutions de compromis équilibrés. Dans un cas, la culture du court terme, des changements toujours présentés comme une révolution. Dans l'autre, la politique de moyen et long terme, qui n'exclut personne.

Dans tous les pays européens qui prennent la tête des classements en matière d'éducation, de chômage, de performance économique, de lutte contre la corruption, les institutions sont organisées autour du principe d'équilibre et de séparation des pouvoirs et de représentation de toutes les sensibilités.

Cela n'empêche ni le leadership fort (voyez Merkel), ni la stabilité dans le long terme, ni les débats les plus vifs sur le fond. La plupart des évolutions sociétales que nous considérons comme la marque même des révolutions imposées par la volonté politique se sont produites avec beaucoup d'avance dans ces pays du compromis : la suppression de la peine de mort est intervenue au Danemark, en Norvège, en Suède, au Luxembourg des années avant qu'elle n'intervienne en France. *Idem* dans une dizaine de pays pour la reconnaissance des statuts d'unions homosexuelles. *Idem* pour les décisions concernant la fin de vie. L'obligation de recherche du consensus n'empêche pas de décider. Elle oblige simplement à tenir compte des sensibilités différentes et à élargir le soutien aux politiques convaincantes.

Le bipartisme est une façon d'égarer tout un peuple. Quelque chose comme la muleta devant le nez du taureau. Il fonce, la draperie rouge se dérobe, il s'épuise, au bout du compte il meurt. Derrière le chiffon rouge, il n'y a que le vide, ou l'épée.

Il y a eu un temps, probablement, où ce tir à la corde, rouges contre bleus, avait un sens. C'était un temps simple. Et même à cette époque, j'avais du mal à m'y retrouver. *Grosso modo,* il m'a toujours semblé que la droite avait plutôt raison en économie, et la gauche plutôt raison en volonté sociale. Et surtout que pour la plupart des sujets il existait une voie originale qui résoudrait les questions beaucoup plus vite, beaucoup mieux, beaucoup plus justement que par le tir à la corde.

Nous sommes très nombreux, les citoyens, à porter en nous des attentes complexes, parfois contradictoires, en tout cas simultanées, qui nous interdisent de nous inscrire, les yeux bandés, dans l'un des deux camps.

Veut-on que j'aille plus loin dans la confidence ? Je suis un réformiste, et pourtant je ne suis en rien choqué par les conservateurs. Dans bien des domaines, il m'arrive de penser que ce que les générations ont construit, quand c'est important, mérite souvent d'être protégé, rénové, refondé, mais qu'il est une immense perte d'énergie de le renverser. Pour reconstruire quoi à la place ? Pour recommencer toutes les erreurs ? Je n'ai pas envie d'arracher les vignes qui produisaient du bon vin. Je me méfie des plants qui n'ont jamais produit. Les vignes qui ont fait leurs preuves, s'il le faut, on les taille, on fait repartir du bois neuf sur le pied si profondément enraciné, on apporte ce qui manque au sol. J'aime réparer, je n'aime pas détruire. Ce n'est pas à la mode, je sais. C'est comme ça.

Mais, en même temps, je porte une conscience sociale, peut-être même assez souvent une conscience de classe.

Un jour, j'ai surpris en répondant à une interview que, contrairement à d'éminents socialistes, je croyais à la lutte des classes, je constatais qu'elle existait, et je ne la rejetais pas. Où croyez-vous qu'en serait la classe ouvrière si elle ne s'était pas jetée à corps perdu dans des luttes pour sa condition ? Mais je ne crois pas que la lutte des classes soit le seul moteur de l'histoire, ni même le principal. Il y a la lutte pour l'identité : lisez la malédiction par laquelle Césaire renie le Parti communiste, en récusant la solidarité avec le seul prolétariat occidental. Il dit qu'il y a d'autres solidarités, qui passent par l'esclavage, et la couleur de peau, solidarité nègre, écrit-il, notamment avec l'Afrique. Il y a le perpétuel besoin d'émancipation, de reconnaissance. Il y a la lutte économique, la lutte des Titans pour la prééminence : regardez ce qui se passe en Chine, regardez les guerres de continents dans lesquelles les monnaies deviennent des armes. Il y a la religion : souvenez-vous du christianisme quand il s'étendait ; regardez l'islam aujourd'hui, l'alliance entre les plus pauvres et les plus riches, au nom du Prophète et de la loi, la charia. Et même pour les droits de la classe ouvrière : il est un temps pour l'affrontement et un temps pour la négociation, et le rapport de forces peut être établi autrement que par la lutte frontale.

Je suis intransigeant dès qu'on touche aux pauvres, aux faibles, à ceux à qui la vie n'a offert ni privilèges ni protections. Il m'est insupportable que les puissants considèrent comme leur privilège de faire plier les faibles. Ô combien je comprends Voltaire quand son insolence le fait bastonner : « Vous finissez votre nom ! Je commence le mien ! » Il est en moi une révolte de classe, une spontanée empathie avec qui est du mauvais côté.

Et c'est pourquoi le droit m'apparaît précieux. Tout au long de ma vie, chaque fois que j'ai aperçu un abus de pouvoir, un petit ou un grand, même dans mon camp, spécialement dans mon camp, je suis monté au créneau : contre les nominations de complaisance, contre les privatisations qui spoliaient la nation, contre l'arbitraire satisfait. Je n'ai rien laissé passer, en tout cas rien de ce que j'ai vu et qui m'est apparu comme un abus.

Le droit, quand il est respecté, c'est l'arme légitime de ceux qui ne sont pas tombés du côté des puissants.

La démocratie, ce n'est pas la domination sans limite de la majorité, c'est la protection des minorités. À chaque alternance, je me dresse contre ceux qui montent à la tribune pour dire, ou pour laisser entendre : « Vous avez juridiquement tort, parce que nous sommes politiquement majoritaires. »

Si l'on faisait le scanner ou l'IRM des consciences politiques, la complexité des sentiments que j'évoque se découvrirait chez la plupart des citoyens. Si l'on veut que le pays progresse, il faut que ces nuances puissent s'exprimer. C'est là, dans les rangs de ceux qui refusent de se plier à la loi du gang d'un bord ou du gang de l'autre, que se situent les plus novateurs. C'est ainsi non seulement que des consensus pourront se nouer. Mais c'est aussi ainsi que le pays avancera, plus vite et plus loin, que par les zélateurs des sentiers battus.

Il faut donc, par priorité, changer les règles qui régissent notre vie publique.

Si l'on veut un Parlement écouté, il faut imposer l'interdiction du cumul de mandats pour un parlementaire. Et pas à la Saint-Glinglin, pas aux calendes grecques. Maintenant.

Si l'on veut un Parlement écouté, il faut qu'il y ait moins de parlementaires. Proportionnellement, la France compte cinq fois plus de députés et dix fois plus de sénateurs que les États-Unis. Croit-on qu'on y fasse mieux la loi et que nos élus soient mieux respectés que les leurs ? Ils le sont moins, infiniment moins. Trop nombreux, ils ne peuvent avoir les moyens d'enquête, les équipes qui font les sénateurs américains si redoutés de toutes les administrations. Moins nombreux, ils seront plus écoutés et plus efficaces.

Si l'on veut un Parlement écouté, enfin, il faut que puissent se faire entendre à la tribune toutes les voix de la nation, tous les courants politiques qui la forment. Aujourd'hui, c'est toujours les acharnés pour et les acharnés contre qui se font entendre, personne d'autre. Et les débats deviennent une caricature, pendant lesquels, même s'il s'agit des sujets les plus passionnés, on entend répéter à satiété les mêmes simplismes. Au moment des votes, on sait à l'avance que les uns seront pour et les autres contre. Croit-on que la nation se laisse ainsi couper en deux ?

La seule solution pour que se constitue des majorités nouvelles, pour que puissent se rencontrer des courants des deux bords lorsqu'ils s'accordent sur des solutions, c'est de donner à la France la règle électorale juste qu'elle attend.

De quel droit prive-t-on le Front de gauche, ou le Front national, ou le centre, de représentation ? Sont-ils moins citoyens, les Français qui ne sont ni PS (et affidés) ni UMP (et affidés) ? Leur a-t-on enlevé le droit de vote, le droit d'être représentés ? Les citoyens français seront-ils les seuls citoyens européens à accepter qu'on les prive de leur représentation dès l'instant qu'ils ne pensent pas comme les courants dominants ?

La réponse est donc simple : il faut que la représentation proportionnelle, la seule juste revienne dans nos Assemblées.

Il existe deux variantes de cette loi électorale.

La variante la plus efficace, celle qui est adoptée partout en Europe, c'est le scrutin que François Mitterrand imposa en France dans les années 80. Ce scrutin, à la proportionnelle départementale, peut obliger à des majorités de coalition dans le cas où la majorité absolue n'est pas atteinte. Les pouvoirs du président de la République sont tels que nul risque de désordre ne peut être encouru, puisque toute décision importante exige son accord ou en tout cas son assentiment, toute désignation sa signature. Obliger le gouvernement à convaincre au-delà de ses rangs, ce n'est pas un danger, c'est une chance. On aurait fait beaucoup moins de bêtises en France s'il avait fallu persuader des élus d'une autre sensibilité de la vertu d'une décision. Et ni les

35 heures, ni le bouclier fiscal n'auraient eu le même visage. Ils auraient été mieux pensés et mieux acceptés.

Si cependant l'on craint cette obligation de coalitions plus larges, au nom de la menace du retour de la IVe République, la deuxième variante que j'ai proposée résout toutes les questions.

Il s'agit d'élire les trois quarts des sièges au scrutin majoritaire, de circonscription, comme aujourd'hui. Et de réserver le dernier quart pour deux usages : la première part attribuée à la coalition arrivée en tête pour qu'elle obtienne la majorité absolue ; la deuxième part attribuée aux partis sous-représentés ou non représentés. Tous les inconvénients sont ainsi levés : on a une majorité garantie (ce qui n'est même pas le cas au scrutin majoritaire) et on représente tous les courants du pays. Simple, et de bon aloi.

Ma conviction est en tout cas que si l'on veut que des majorités réformistes se constituent en France, il est vital de donner à notre pays les règles démocratiques qui permettent la réforme et s'éloignent de la conjuration de tous les refus, qui bloquent et empêchent les évolutions nécessaires.

La question de l'État

Pour l'histoire des peuples, pas plus que pour la météo, les orages sortent rarement d'un ciel sans nuages. Il est mille signes avant-coureurs, dans lesquels les esprits attentifs peuvent discerner l'inéluctable.

L'explosion de la dette, comme son caractère insoutenable étaient écrits dans les chiffres depuis la fin des années 90. Les courbes de notre commerce extérieur, traduisant la fatigue de notre productivité, sont devenues inquiétantes au début des années 2000. Sans doute, cela était ignoré de beaucoup : le ciel était encore bleu, mais il se troublait à l'horizon et il suffisait de regarder le baromètre, en le tapotant de l'ongle comme faisaient nos parents, pour mesurer la gravité de la dépression qui se formait.

En cette deuxième décennie du siècle, au moment où tout paraît troublé et compromis, les orages surgissent des quatre points cardinaux. Ce n'est pas l'effet du hasard et de la malchance : c'est la preuve qu'un temps nouveau s'annonce, que nous allons devoir accueillir et faire surgir du chaos. Car se vérifie ici une des lois les plus intangibles de la nature : il est impossible de passer d'un ordre à un autre ordre sans une phase de désordre. De découvrir l'ampleur du désordre indique à coup sûr qu'un ordre nouveau se rapproche. Le comprendre, ouvrir les yeux sur les mécanismes mis en jeu, permettra d'adoucir les conséquences du désordre, de nager en sachant où l'on va dans le fleuve déchaîné, d'éviter autant que possible les rapides qui menacent d'engloutir les imprudents, et de gagner enfin l'autre rive. On n'évitera pas tous les vertiges et tous les coups de boutoir. Mais au moins saura-t-on où l'on va. La traversée en deviendra plus assurée.

Il faut donc repérer les questions de notre temps et leur proposer des réponses cohérentes. Car poser les questions comme il convient, c'est déjà permettre d'y répondre.

Les questions dont dépend l'avenir d'un pays sont toujours, ou presque toujours, des questions simples et peu nombreuses.

À la fin de la Quatrième République, il y avait deux questions principales : la question institutionnelle et la question algérienne. La réponse à la question algérienne était étroitement liée à la réponse à la question institutionnelle. Et la question économique elle-même, dans un pays en forte expansion, était liée à la question des institutions, du régime, de la capacité à affirmer une volonté pour le pays.

Aujourd'hui, la première question à traiter est celle de l'impuissance ou de la puissance publique, puissance ou impuissance de l'État, puissance ou impuissance de la démocratie, puissance ou impuissance des collectivités locales.

Aujourd'hui, c'est un enlisement général ! Les citoyens ont un sentiment aigu et blessant de cette impuissance. Ils éprouvent que leur État, l'action publique en général, ne *peut* plus rien. Ce sentiment vient de ce qu'ils se sentent régulièrement floués, chaque fois espérant dans les promesses illusoires, et chaque fois déçus. L'abus de confiance politique dont ils sont les victimes fait des ravages. Rendre droit de cité à la vérité est le premier remède, c'est le levier indispensable pour entrer dans l'action.

Mais il est d'autres diagnostics à porter.

Qui mesure à quel point l'État est devenu impuissant, pas seulement par impudence des politiques, mais par sa propre incapacité ? Et quand j'évoque l'État, je parle au sens large, je ne limite pas ma critique à l'État national, dans son administration, au travers de son appareil centralisé, de ses préfets, sous-préfets, directeurs de toute nature et de leurs services. C'est la puissance publique au sens large que je vise, imperméable au citoyen, Sécu, caisses diverses, collectivités locales dans leur empilement, et même entreprises publiques dans leurs rapports avec leurs usagers… Cette prolifération et ce labyrinthe auxquels les gens ne comprennent plus rien – et comment pourraient-ils y comprendre quelque chose quand les élus eux-mêmes ne s'y retrouvent pas ? – impuissants à faire bouger un dossier, à faire « sortir » une décision une fois qu'on leur dit qu'elle est prise ! Les citoyens « de base », comme ils disent eux-mêmes, croient que leurs élus savent et comprennent. S'ils savaient comme les maires s'épuisent, comme ils ont l'impression qu'on les balade ! Pour des sujets faciles, pour une autorisation qui va de soi, ce sont des dizaines de démarches, de coups de téléphone, où l'on se fait renvoyer de service à service, chacun ayant l'impression de bien faire, en tout cas de faire son travail... Et les normes, et les contrôles, et les rappels, et les inspections, et personne jamais n'est responsable : c'est toujours un autre service, un autre niveau, un autre bureau !

Et qui décide en haut n'est jamais assuré que la décision sera suivie d'effet, tant elle est retardée par le mur de coton des commissions diverses et variées, des études multiples. Comme dans ces cauchemars qui nous font rêver qu'on court et qu'on n'avance pas !

J'ai beaucoup d'admiration pour Napoléon. C'est généralement mal vu dans les cercles respectables. Mais le Napoléon que j'admire, ce n'est pas d'abord le chef de guerre, c'est le chef de paix. C'est l'homme du code civil et de la construction de l'État. Qui peut prétendre comme lui avoir laissé une œuvre d'organisation de la société dont la durée se comptera en siècles ? Les départements avaient été créés par l'Assemblée nationale constituante à la fin de l'année cruciale 1789. Mais leur administration était brouillonne. Napoléon y installa des représentants de l'État, les préfets, assistés de conseils et relayés par des sous-préfets dans les arrondissements. Il appliqua les mêmes principes à la justice, juges de paix dans les cantons, tribunaux correctionnels dans les arrondissements, tribunaux criminels aux chefs-lieux. Les finances publiques furent selon le même modèle réorganisées, percepteur dans chaque canton, chargé de recueillir les impôts, receveur général au chef-lieu, qui transmettait aux services du ministre.

J'entends bien que tout cela était quelque peu militaire, et passablement rigide. Les temps ne sont plus à la pyramide parfaite et à la responsabilité verticale, de type autoritaire.

Mais j'affirme que la vertu principale de ce type d'organisation est que chaque citoyen *comprenait* où et comment les décisions étaient prises. J'affirme que l'enlisement de la décision publique, la puissance publique incompréhensible tant elle est compliquée, devenue impuissante par autoblocage perpétuel, d'autant plus impuissante qu'elle s'alourdit sans cesse de codes, de règlements, de normes, est un tort fait au citoyen.

Plus encore, c'est un tort fait au pays !

Rien n'est plus jamais simple chez nous. Je comprends bien que les initiés de toute nature croient y trouver un avantage. Mais au total, notre pays en souffre profondément. L'Ancien Régime est mort en partie de ce que son administration était incompréhensible par qui que ce soit, faite de centaines de particularismes locaux, les bailliages et les sénéchaussées, les gouverneurs de provinces, les intendants et leurs subdélégués, et les États, avec des pouvoirs différents selon les traditions locales et le droit qui ne l'était pas moins, tout l'effort du pays, et notamment tous les impôts, s'épuisaient et se perdaient dans cette carte illisible. Et comme tout cela était incompréhensible, personne ne pouvait contrôler efficacement ce maelström et toute légitimité s'effaçait en même temps que toute chance d'efficacité !

Nous en sommes là. Je n'écris pas cela en cédant à l'exagération. Plus personne dans ce monde devenu indéchiffrable n'est en mesure de comprendre son financement. Au citoyen qui se plaint, on oppose l'administrative surdité. Ah mais ! c'est pas nous, c'est la Région, et comme personne ne connaît un seul conseiller régional, et que le conseiller régional lui-même, s'il n'est pas directement aux manettes, ne connaît pas l'administrateur en charge, tout le monde est pris dans un immense *faire semblant*. On envoie des lettres préécrites dans lesquelles « on ne manquera pas de vous tenir informé ». Et rien ne bouge jamais. Et d'ailleurs, ah mais ! c'est pas nous, c'est l'agglo. Et comme personne ne connaît les élus de l'agglo dont les compétences s'accroissent, tout cela qui était simple finit aujourd'hui en eau de boudin. Et il en est de même pour tous les échelons d'élus qui tiennent scrupuleusement des permanences où les pauvres gens viennent s'asseoir sur les chaises des salles d'attente, et dont il ne sortira rien, une fois de plus. Et Pôle emploi. Et l'appel téléphonique à tous les services sans exception, de la Sécu à EDF, qui vous invitent même si vous avez du mal à suivre, si vous avez 85 ans, à appuyer sur la touche étoile et puis sur la touche 4, si vous ambitionnez de joindre un opérateur.

Restaurer la simplicité de nos institutions et la simplicité des échanges, c'est une démarche civique.

On voit bien que cette exigence devra s'appliquer au labyrinthe de notre vie locale. Les communes et les communautés, de communes ou d'agglomération, les métropoles, les départements, les régions, le tout à géométrie de plus en plus variable, administrés et gouvernés par des personnalités éminentes toujours, mais généralement inconnues tant elles sont nombreuses et assez souvent désignées au lieu d'être élues, tout cela ne permet pas de prendre en compte l'intérêt du citoyen et son droit absolu à comprendre !

Très souvent on prend cette question sous l'angle des compétences. Je regrette de confesser mon scepticisme sur cette question. Je ne vois que deux compétences : il est des institutions qui prennent en charge la vie de tous les jours des citoyens, la vie urbaine, même si cette urbanité est à la campagne, la vie des foyers, même si le foyer n'est formé que d'une personne. La propreté du cadre de vie, les équipements pour les adultes et pour les enfants, la proximité et les services qu'elle engendre, la gestion des déchets journaliers, l'urbanisme. C'est la compétence des communes, des élus municipaux, et des fédérations qui regroupent ces communes pour qu'elles mutualisent leurs investissements et leurs charges.

Et un autre niveau d'institutions en charge des stratégies de développement de territoires plus vastes, départements et régions. Point n'est besoin de délimiter au cordeau les compétences des uns et des autres : les budgets limitent drastiquement leur capacité d'action. Deux niveaux, deux types d'élus locaux et régionaux.

De l'expérience que j'en ai, les départements et les régions, les conseils généraux qui seront bientôt paraît-il départementaux et les conseils régionaux font exactement le même travail, conduisent le même type de réflexion et prennent le même type de décision. Parmi ces décisions un certain nombre peuvent utilement être délibérées dans la proximité, dans le cadre départemental. C'est notamment le cas des décisions sociales, en tout cas dans le cadre rural ou de villes moyennes (pour les grandes villes, c'est une compétence qu'elles peuvent assumer). Il deviendra à court terme évident qu'il convient que les mêmes élus, pourvu qu'ils soient justement élus, près des territoires, et en garantissant le pluralisme nécessaire, administrent ensemble ces deux types d'assemblée. Et s'il est des métropoles, grandes villes puissantes, rien n'empêche qu'on leur confie la compétence des départements, comme c'est déjà le cas à Paris.

Je plaide pour le lisible, le compréhensible, le simple, le simplifié, le léger, le direct. Je combats l'empire des initiés, des seuls techniciens, des débats obscurs, d'où le citoyen est exclu. Je ne connais aucune œuvre humaine où la confusion ait permis le succès.

Et je plaide pour qu'on élargisse la réflexion à ceux qui sont toujours absents de nos choix, les plus fragiles, ceux qui ne peuvent pas encore se défendre tout seuls, les générations à venir.

Là encore, c'est une question de profondeur de champ, comme on dit en photographie.

Il faut que nous imposions dans nos réflexions et nos délibérations, dans la préparation de nos décisions, la présence des générations futures.

Notre gouvernement au sondage, au rythme des chaînes info 24/24, les décisions portées par l'actualité brûlante, les réactions épidermiques, tout cela fait bon marché de nos enfants et des enfants de nos enfants. Or ils ont droit, tous ceux qui viennent, à être pris en compte et défendus.

C'est presque devenu un slogan en matière d'écologie : nous n'héritons pas de la planète, nous l'empruntons à nos enfants. En tout cas nous en avons la charge en leur nom. Nous n'avons aucun droit de l'empoisonner, de la ruiner, de la désertifier, de la stériliser.

Nous en sommes les dépositaires temporaires et fugaces, et eux, ils sont la permanence de notre humanité. Nous n'avons pas le droit de penser à eux comme à un futur lointain. D'une certaine manière ils sont déjà là.

Ils doivent être représentés dans notre gouvernement. Ce n'est pas une utopie. Je propose qu'on crée, dans la préparation des décisions, une autorité qui représente les générations à venir. Une autorité qui aurait la charge et la légitimité de rappeler que la dette contractée, ce sont d'autres qui devront s'acquitter de son remboursement, que les nappes polluées devront être apurées par d'autres, que les minerais et les sources d'énergie extraits ne seront pas remplacés. Et que le patrimoine génétique est un bien précieux, que la nature ou la providence ont façonné comme une œuvre d'art. Pas comme une œuvre d'art achevée et close une fois pour toutes. Une œuvre d'art à corriger quand elle dérive, ou à guérir si on le peut lorsqu'elle est frappée de maladie, mais un patrimoine à protéger.

Je crois au retour de la puissance publique, en lieu et place de l'impuissance. Je crois que ce retour passera par la simplification et l'allègement de nos structures. Je crois qu'une décision bien préparée sera mieux appliquée. Je crois que le futur est déjà là et qu'il doit être pris en compte. Et je crois que c'est une série de changements qui ne peuvent être portées que par des politiques décidés à rompre avec les tours et les détours définitivement stériles dans lesquels depuis des années nous nous égarons.

Le nouveau siècle de l'Europe

Comment l'idéal le plus attachant, le plus ambitieux, le plus généreux en même temps que le plus réaliste de l'histoire de l'humanité a-t-il pu se trouver pris dans cette immense crise de confiance ?

Et comment le régénérer ? Comment lui rendre l'énergie rassurante qui nous permettra, comme citoyens, d'entrer confiants dans le nouveau siècle européen ? Voilà la charge de notre génération. Les fondateurs furent des pionniers audacieux et lucides. Les refondateurs n'auront pas moins de mérite, ni moins de courage. Mais leur charge est plus impressionnante encore car il s'agit de prendre à bras-le-corps le projet qui a été celui de millions et de millions de femmes et d'hommes, le projet de foi et de conviction, et de le libérer du *désamour* dans lequel il s'épuise.

On ne retrouvera l'adhésion des peuples que dans la clarté. Il faut donc affronter sans fard les questions qui se posent au projet européen, dans son rapport avec la réalité nationale, aussi bien que dans sa mission à l'égard des peuples et dans son ouverture aux citoyens.

La confrontation entre Europe et nation est pour les opinions publiques de plus en plus tendue.

Il n'existe à mes yeux aucune possibilité de répondre à la question européenne si on ne sait pas répondre à la question nationale.

Nous, France, sommes une nation d'abord. Ce n'est pas tout à fait le cas de tous les pays qui nous entourent, nos voisins et nos amis. Beaucoup d'entre eux sont des nations récentes, et certains ne se sont pas formés en nations. Pour nos voisins de l'autre côté de la frontière espagnole, Basques et Catalans, leur nationalité est espagnole, mais leur nation et leur langue nourricière sont basques ou catalanes. La Belgique a un sentiment national déchiré entre communautés linguistiques, flamande et wallonne principalement. Le Royaume-Uni s'apprête à vivre un référendum où sera posée la question de l'indépendance de l'Écosse.

Une nation, c'est une communauté de destin, formée assez souvent autour d'une langue, d'une histoire commune. Le mot *nation* évoque étymologiquement la naissance, l'origine. En France, depuis la période révolutionnaire, il évoque aussi la légitimité du peuple face au souverain et à sa noblesse.

Il a donc à la fois une dimension d'identité et une dimension politique.

Ce qui fait la caractéristique et la force de la nation comme communauté politique, c'est que le citoyen accepte, en cas d'infortune électorale, d'y être minoritaire. On n'accepte pas d'être minoritaire partout. Pour accepter d'être minoritaire, il faut se sentir chez soi, car il faut accepter l'idée que ceux qui l'emportent par le nombre ont une légitimité égale à la vôtre. Et pour qu'ils soient légitimes, il faut qu'ils appartiennent à la même famille, au même ensemble.

On devine combien la langue compte dans la recherche de cette légitimité ! Si nous pouvons débattre dans la même langue, alors nous pouvons délibérer et trancher la délibération. C'est pourquoi la nation constitue une enceinte politique de plein exercice.

Cela a été une grande faute historique, dont la responsabilité est partagée, que de laisser croire que l'Europe allait effacer la nation. C'est sur ce ressort que jouent tous ceux qui veulent mettre à mal l'idéal européen : toutes les affirmations péremptoires selon lesquelles c'est à Bruxelles que désormais se décident 80 % de notre législation ! C'est une désinformation devant laquelle les défenseurs de l'idée européenne sont restés trop longtemps passifs. D'abord parce qu'il convient de rappeler qu'il n'est pas une seule décision européenne importante, dans quelque domaine que ce soit, qui se prenne sans l'assentiment des gouvernements nationaux, particulièrement des « grands » pays comme la France.

Il suffit ensuite de passer en revue les grands domaines de décision pour vérifier que cette affirmation est fallacieuse.

C'est à l'échelon national que se prend l'essentiel des décisions sur l'organisation de notre système éducatif. C'est chez nous que se décide l'organisation de notre système de santé, d'assurance chômage, de retraites. C'est chez nous qu'est défini notre droit social. Ce sont nos gouvernants qui ont la charge de notre défense nationale. L'organisation de notre sécurité est de notre compétence, en dehors des accords de Schengen qui régissent la circulation des individus sur le sol européen, et sur lesquels, bien sûr, nous avons notre mot à dire. La France est maître de son destin sur les questions énergétiques. On le voit bien avec la question nucléaire et le gaz de schiste. Nous décidons pareillement souverainement de nos impôts, de notre fiscalité.

Croit-on que la série des décisions qui touchent l'école, l'enseignement secondaire, l'Université, le statut des fonctionnaires, l'organisation de la justice, celle de la police, l'armée, la Sécurité sociale dans tous ses secteurs, santé, travail, retraites, les collectivités locales, le droit social, les règles du travail, l'énergie, croit-on vraiment que tout cela qui fait l'essentiel de la vie de la nation, ne représente que moins de 20 % des décisions prises ? On se moque de nous, de tout bord, quand on assène, soit pour se mettre en valeur, soit pour combattre l'Europe en train de se faire qu'elle décide de tout à notre place...

L'Europe intervient, c'est vrai, dans le domaine économique, en définissant les normes, les règles, qui permettent aux marchandises d'être vendues au-delà des frontières nationales. C'est nous qui l'avons souhaité en voulant le marché commun, qui est la chance de nos producteurs de trouver un marché plus vaste que nos soixante-cinq millions de consommateurs nationaux, un marché à la mesure des capacités de production d'un pays comme le nôtre. Parfois c'est agaçant, et parfois c'est intrusif, excessif. En particulier quand ces normes touchent à des coutumes, des habitudes alimentaires, qui sont les nôtres.

Mais la vérité est que l'Europe est trop absente du grand champ politique où les citoyens l'attendraient.

Elle a produit à profusion dans le domaine des normes. Alimentaire, industrie, environnement. Assez souvent on pense qu'on ne lui en demande pas tant. Et si l'on ajoute à cette exubérance normative le goût bien français pour le contrôle et l'Administration, alors se forme le visage d'une Europe « emmerdante, emmerdeuse, emmerderesse itou », comme chantait Brassens.

Et ce n'est pas ce qu'on attend d'elle.

Ce que les peuples attendent de l'Europe, c'est ce qu'ils ne peuvent obtenir seuls, trop isolés, même s'ils forment des puissances moyennes, trop peu nombreux, ne réussissant pas à impressionner par leur masse leurs grands rivaux et leurs grands partenaires, les empires des nouveaux mondes.

Nos pays et nos peuples attendent de l'Europe ce que les gouvernements ne songent jamais à lui demander : d'abord une stratégie commune !

Tout se passe comme si le sport préféré des Européens était la grande mêlée des intérêts rivaux entre pays européens. Les agricoles défendent l'agriculture, les industriels l'industrie et les commerçants le commerce ! Mais ce n'est pas ce qu'on leur demande ! On demande aux pays européens, particulièrement aux pays de la zone euro, de réfléchir à une stratégie commune, partagée, pour faire grandir tout ensemble l'agriculture, l'industrie, les services, le commerce de tous les pays européens, et l'Université européenne, et de faire entendre dans tous les débats de la planète la voix des Européens.

La Chine est là ! En la présentant comme un danger, on laisse ignorer qu'elle est pauvre encore par rapport à l'Europe. Avec une grande partie de sa population, peut-être les deux tiers, dans le plus grand dénuement. Mais avec des poches de puissance, de conquête, de croissance fascinante. Avec un système politique autoritaire, qui regarde avec condescendance nos hésitations et nos scrupules. Nous savons tout cela. Mais ce que nous ne voyons pas, qui n'est jamais évoqué, c'est l'impressionnante volonté d'un pays capable de maintenir des choix stratégiques sur plusieurs décennies. Décisions d'investissement sur d'autres continents, choix monétaires, énergie et matières premières, développement universitaire médité et raisonné, recherche : c'est à trente ans que la Chine réfléchit, peut-être à cinquante. Nous, Europe, c'est à peine si nous réfléchissons à cinquante jours. Nous nous voyons ballottés par l'événement, par les échéances électorales des uns et des autres, par le vent tourbillonnant de l'opinion.

C'est la première exigence de l'avenir européen : la définition d'une stratégie commune dans tous les domaines où le cadre national ne permet pas de définir une stratégie efficace pour les peuples et les sociétés. J'écris cela bêtement. Car ma formule laisserait supposer qu'il existe une stratégie nationale. Or c'est une des principales faiblesses françaises, peut-être la principale des faiblesses françaises, que depuis trois ou quatre décennies, la France n'a jamais pris la peine de réfléchir à ce que devrait être sa stratégie, dans aucun des domaines, notamment économique, dont dépend son avenir. Nous avons eu jadis, dans les années 50 et 60, une stratégie nationale, dans l'aéronautique, dans le nucléaire, dans l'agriculture, pour notre diplomatie, dans l'industrie : nous n'en avons plus, jamais, et dans aucun domaine. Nous nous en remettons aux stratégies individuelles des acteurs, notamment des entreprises. Et Renault, pourtant en partie propriété de l'État, n'a pas de réflexion partagée avec les pouvoirs publics et avec ses grands concurrents, qui devraient être ses partenaires de la filière automobile, PSA Peugeot Citroën.

L'Europe encore moins. Elle a même fait un principe de cette absence de stratégie. Car la vision, notamment britannique, de l'Europe, c'est l'union des marchés, et libre cours donné aux stratégies individuelles. Stratégies individuelles des entreprises et stratégies individuelles des États ! Du coup, nous nous sommes laissés exclure de champs entiers de l'industrie. Que l'on songe à l'importance des écrans dans le monde présent et à venir. Comment la première puissance commerciale de la planète a-t-elle pu accepter de ne plus produire sur son sol un seul écran ? Elle qui pour ainsi dire les avait inventés, en tout cas développés, par d'innombrables brevets et procédés ? Plus un seul écran, ni d'ordinateur, ni de téléphone, ni de téléviseur, ni d'imagerie médicale, ni d'écrans géants. Ni d'un pouce, ni de dix mètres. Ce n'est certes qu'un exemple, mais que de l'endroit où il lira ces lignes le lecteur accepte de tourner son regard dans son environnement proche et qu'il vérifie ce que nos producteurs, nos ingénieurs, nos ouvriers, nos techniciens ont perdu à cette désinvolture...

Désinvolture et légèreté, c'était le contraire de la vision des créateurs et fondateurs de l'Union. Leur perspective était éminemment stratégique puisqu'ils choisirent d'installer l'Union dans le double domaine de l'énergie et des matières premières, le charbon et l'acier[1] d'abord, le nucléaire[2] ensuite.

J'affirme que pour avoir les idées claires sur le destin et l'avenir de l'Union européenne, il convient de défendre la nécessité d'une stratégie pour l'Europe, dans tous les domaines où se jouent la puissance et la force d'un ensemble politique. C'est vrai pour l'agriculture et la pêche, puisqu'il faut nourrir les peuples. C'est vrai pour l'industrie et le commerce, puisqu'il faut les équiper et leur permettre de conquérir des richesses pour mieux les élever, les instruire, les soigner, les développer. C'est vrai pour l'énergie qui fera l'objet de luttes sans merci et qui met en jeu notre avenir comme planète et comme espèce vivante. C'est vrai pour l'espace. C'est vrai pour le numérique

1. Communauté Européenne du Charbon et de l'Acier, CECA.

2. Euratom.

et les équipements qui le portent, que nous avons presque totalement abandonnés. C'est vrai pour la diplomatie, que nous exerçons en ordre dispersé, et souvent, du moins on en a l'impression, quasiment sans concertation.

Et c'est vrai pour la monnaie.

Nous avons pris la décision la plus importante de l'après-guerre en consentant à l'abandon de nos monnaies nationales et en acceptant pour toutes nos économies une monnaie nouvelle, commune et unique : l'euro.

Ce n'est pas une décision banale : c'est à peu près une première dans l'histoire des hommes. D'habitude, c'est la guerre qui impose un changement de monnaie, et la monnaie nouvelle est toujours la monnaie des vainqueurs. C'est aussi une décision qui engage, et on a le sentiment que bien des responsables n'ont pas à l'esprit les conséquences de ce choix.

Une monnaie, ce n'est pas apolitique. La création monétaire, les taux d'intérêt, la politique des changes, la gestion des accidents bancaires, rien de tout cela n'est le fruit du hasard. Les politiques peuvent décider, dans un souci de neutralité, d'en déléguer le pilotage à des instances supposées indépendantes et compétentes. Encore faut-il qu'il y ait échange nourri et dialogue conséquent entre les gestionnaires des instruments de pilotage et les autorités politiques légitimées par le suffrage des citoyens.

Une monnaie unique ne peut s'adapter à un ensemble économique disparate que si se met en place une politique volontaire d'aménagement du territoire. Autrement, on assiste à la concentration des activités dans la partie de la zone la plus compétitive, et à la désertification ailleurs. Les déséquilibres croissent au lieu de décroître.

La création d'une zone monétaire suppose de surcroît une surveillance et une régulation des banques qui assurent l'essentiel de la création monétaire et le service du crédit. On a souvent vérifié dans l'histoire que la gestion aventurée d'une banque pouvait entraîner un pays ou un ensemble de pays dans le chaos.

La création d'une zone monétaire suppose que l'on réfléchisse de près aux exigences du financement des États qui la composent. L'ensemble de l'univers financier semble considérer qu'il est naturel que les États se financent auprès des banques à des taux très supérieurs au taux auquel les banques elles-mêmes se financent auprès de la Banque centrale. Je ne partage pas ce point de vue.

Je connais bien le raisonnement. Il s'agit d'empêcher les États de croire à un droit de tirage infini sur la monnaie créée, la supposée « planche à billets », qui par le passé, il n'y a pas si longtemps, a donné lieu à des catastrophes en termes d'inflation par exemple.

Pour éviter ce risque on crée un intermédiaire supposé indépendant et supposé responsable, capable de dire non à un État dispendieux ou de le freiner par des taux plus élevés.

Mais cette conception n'est valide que dans le cas où la banque privée qui prête à l'État est capable d'assurer elle-même le risque qu'elle prend. Dans les faits, c'est le contraire qui se passe : en cas d'accident, le risque pris par la banque est assuré par l'État ! En prêtant à l'excès à un État dispendieux, la banque se met en danger, et devant le risque d'une faillite qui paniquerait les déposants, et bloquerait le financement de l'économie, c'est l'État qui est obligé de venir la refinancer, en empruntant hier sur les marchés, aujourd'hui auprès de la Banque centrale ou d'un mécanisme de sauvegarde chargé de faire sas. Qu'est-ce qui justifie alors les bénéfices tirés de la différence entre les taux d'intérêt consentis aux États et ceux consentis aux banques privées ?

On voit que ce sont de lourdes questions éminemment politiques, qui remettent en cause bien des situations acquises et qui devront désormais être traitées politiquement !

Politiquement, c'est-à-dire par de vrais dirigeants politiques et sous le contrôle des citoyens.

Voilà pourquoi l'Europe politique est une inéluctable nécessité. L'Europe des politiques et pareillement l'Europe des citoyens.

Cette nécessité oblige à lever deux hypothèques : d'abord celle de l'efficacité du labyrinthe européen, et ensuite celle du contrôle démocratique des délibérations et des décisions prises.

Tant qu'il n'est rien d'authentiquement et d'urgemment politique et stratégique à traiter, on peut prendre son temps et même perdre son temps. C'est le temps des sommets interminables, des dialogues interinstitutionnels jamais achevés et dont nul ne sait exactement où ils en sont.

Mais si sont en jeu l'essentiel et l'urgence, alors il faut pouvoir décider. Pour que l'Europe apprenne à décider, il faudra qu'elle le fasse dans le bon cadre. La première décision qui s'impose est celle-ci : l'existence de l'euro suppose une autorité politique de la zone euro. Il y aura bien des tiraillements et des mises au point à achever autour de cette idée. Nous savons bien que l'Union est à 27 aujourd'hui, davantage encore demain et que toutes les institutions ont compétence sur les 27 et que leur légitimité juridique engage les 27. Il demeure que les pays engagés dans l'euro ne peuvent pas accepter que d'autres, qui ont refusé de s'engager pour aujourd'hui et pour demain, comme la Grande-Bretagne, prétendent participer à leurs décisions en tant que membres à part entière. Dans la fameuse plaisanterie sur les œufs au bacon, la différence est grande entre la poule qui est intéressée au travers de ses œufs, et le cochon qui est engagé parce que c'est lui qu'on mange.

Si nous acceptons les règles de l'efficacité dans l'institution politique de la zone euro, cela ne sera pas inutile pour l'ensemble de l'Union, fera des émules et peut-être tache d'huile.

Cela, bien sûr, demande un peu de fermeté. Cela demande de résister au chantage. L'Union ne peut pas survivre au chantage de ses membres. À commencer par le chantage britannique, qui s'exerce depuis quelques semaines au travers de la menace d'une sortie de l'Union. Je ne suis pas soupçonnable d'allergie à l'égard des Anglais. C'est un grand peuple, et que j'aime dans tous ses visages, dans sa littérature, dans son sens du monde ouvert, dans son sérieux comme dans son inaltérable fantaisie. Mais je suis d'avis que nous ne cédions à aucun chantage, d'aucune sorte. Si l'on commence à céder à un seul pays qui exigera qu'on en passe par ses conditions pour qu'il renonce à quitter l'Union, on verra se multiplier les demandes d'exception.

Il faut au contraire faire de ce bras de fer une expérience de solidité européenne. Si les dirigeants britanniques estiment qu'ils doivent s'éloigner, qu'ils s'éloignent. Au pire, on verra que ce ne sera que pour un temps. Au mieux, et c'est le plus probable, ils renonceront à leur menace. Je ne crois pas que la City, le monde des affaires et du commerce, accepte de voir se créer un fossé entre la Grande-Bretagne et ses principaux clients, fournisseurs, financiers. D'autant moins que prend corps la perspective d'un marché commun, qui aurait du sens, entre l'Union européenne et le continent nord-américain. Pour défendre notre œuvre commune, la fermeté est un devoir.

Décider, enfin. Décider dans le bon cadre et d'abord dans le cadre d'une union efficace de la zone euro. Et décider en donnant au citoyen toute sa place dans la décision.

Les décideurs, responsables gouvernementaux et des institutions européennes, leaders d'opinions, doivent comprendre une chose : les peuples n'acceptent plus qu'on prenne des décisions essentielles pour eux sans qu'ils soient consultés ni informés de ces décisions. La vague démocratique – nous voulons nous occuper de nos affaires – ne touche pas seulement des pays étrangers : elle est à l'œuvre aussi chez nous !

Par voie de conséquence, ils n'accepteront plus de voir une part essentielle de leur destin tranché par des dirigeants qu'ils ne connaissent pas, au terme de débats secrets, et tellement confus que, même initiés, ils ont du mal à les suivre. L'Europe n'est plus affaire de diplomatie, avec ses jeux de couloirs, ses ententes discrètes ou secrètes et ses doubles langages. Elle est désormais affaire de démocratie.

Elle exige donc des dirigeants identifiés et des agendas publics, des débats accessibles aux citoyens. C'est pourquoi il faut des responsables. De vrais responsables, à qui on pourra demander des comptes, devant la porte de qui on pourra manifester, que l'on pourra prendre pour médiateurs, protecteurs, ou au contraire à qui l'on pourra reprocher leurs manquements.

Cela ne signifie pas que les responsables nationaux devront être dépouillés de leur influence et de leur capacité. Tout au contraire : on les entendra défendre leur position et ils deviendront des acteurs de premier plan dans le débat.

Mais il faut par exemple que le président de l'Union, rassemblant en une seule personnalité les prérogatives du président du Conseil européen, un président des présidents (et des chefs de gouvernement) en quelque sorte, et de la Commission qui est l'exécutif collégial européen, soit connu et légitimé par le suffrage des peuples. On peut conduire ce processus dès aujourd'hui. Il n'est pas besoin de changer les traités. Il suffit de les appliquer et d'organiser lors des prochaines élections du Parlement européen une telle désignation en indiquant à l'avance quel visage aura l'Union si les électeurs donnent leur confiance aux listes correspondantes. En votant pour une liste, on désignera en même temps le futur président, au masculin ou au féminin.

Le Conseil qui réunit les chefs d'État et de gouvernement est parfaitement légitime. Mais le temps vient où il devra délibérer de manière ouverte, de manière que les citoyens européens soient saisis des raisons de ses choix. Et l'agenda des discussions des différentes institutions doit être mis à la disposition de tous les citoyens. C'est bien le premier droit des citoyens de savoir quelles décisions on prépare et vers quelle issue ces décisions s'orientent. Choisir la transparence, c'est en même temps donner au citoyen droit de cité européenne et faire œuvre d'éducation civique. L'Europe, ce n'est pas extérieur à nous, c'est notre affaire, doublement. Dans chacune de ses décisions, c'est notre destin, notre cadre de vie, les visages différents de notre avenir qui sont en jeu. Ce sont nos affaires, et c'est notre responsabilité de réfléchir à leur issue, de nous faire entendre et parfois de faire pression pour qu'elles tournent comme nous, citoyens, sommes en droit de l'espérer et de le vouloir.

Cette ouverture et cette transparence sont la condition de la légitimité et de l'unité politique qui sont la vocation de l'union. Sans cette unité nous, nations européennes et pays membres, serons ballottés et déchirés entre nos intérêts contradictoires. Or nos intérêts à long terme, nos raisons de vivre, ce que nous croyons de plus profond comme peuples et comme familles, tout cela ne peut se défendre que si nous comprenons à quel point nous les partageons. Les forces qui menacent ces raisons de vivre, cette civilisation européenne sont les plus puissantes qui soient dans l'univers. L'unité des peuples européens, que nous allons construire et faire aimer, est leur seule protection, leur chance et leur avenir.

Conclusion

Il n'y a plus qu'une question démocratique : la politique peut-elle encore quelque chose à notre vie ?

La réponse aujourd'hui la plus répandue est « non ». Impuissants ou « bouffons », ne reste aux politiques que le choix de leur indignité.

Comme à chaque élection, ils passent leur temps à promettre l'impossible, en toute connaissance de cause, puis le réel les rattrape et les déconsidère. Ils sont les premières victimes de leur cynisme.

Il va donc falloir changer d'époque.

Ce n'est pas que les politiques, comme on dit, doivent devenir « humbles ». Humbles supposerait qu'ils ne peuvent pas grand-chose. Or ils peuvent beaucoup. Et surtout le peuple tout entier, dans une volonté commune, peut beaucoup. Le peuple français, en particulier, parce que la trame d'histoire qui le forme, sa vitalité, ses équipements collectifs, ses traditions de savoir, son goût pour la solidarité, lui offrent, même si les Français l'ignorent, de puissants atouts.

Il convient seulement que la pratique politique change du tout au tout.

Au lieu de privilégier le résultat électoral à court terme, il faut désormais que soit privilégiée l'adhésion au projet de long terme. Et il n'y aura d'adhésion au projet que si la vérité de la situation et de ses contraintes est connue des citoyens.

Il existe une pédagogie de la vérité qui devrait passer par l'école et par les médias.

Et il existe une politique du parti de la vérité.

Cette politique consiste à construire les fondations avant le toit. Il s'agira donc de donner la priorité aux forces de la création, de l'invention et de l'entreprise. Il faut faire sauter les obstacles et les embarras qui les bloquent et les stérilisent. Cela paraît une œuvre démesurée : c'est à portée de la main pour peu que l'on comprenne ce qui est important, et qu'on ne se laisse pas distraire.

Cette politique consiste à rebâtir un État digne de ce nom, parce qu'il n'y a pas de

France sans État. Un État national aussi bien que local qui cessera de se bloquer lui-même, simplifié pour être compréhensible dans son organisation par les citoyens et qui combattra les gaspillages pour mieux servir les usagers. Cela paraît impossible, et pourtant c'est une nécessité pour survivre.

Cette politique consiste à clarifier le rapport d'avenir entre la nation et l'Europe, et à faire de l'Europe, recentrée sur les missions stratégiques pour le continent, une Union efficace. Cela paraît hors de portée, et pourtant il s'agit seulement de reprendre le chemin tracé par les fondateurs.

Enfin, pour que la vérité puisse se faire jour, cette politique consiste à réformer notre démocratie, pour que toutes les voix du pays puissent s'y exprimer et les pouvoirs différents s'y équilibrer. Et c'est facile ! Tous les pays du continent sans exception y sont parvenus depuis longtemps. Ce n'est pas chez nos voisins qu'on changerait la Constitution tous les quatre matins.

La vérité connue des citoyens dans tous les domaines où le réel impose son évidence et ses lois, telle est la clé de la mobilisation du pays.

Reste une dimension dont ne peuvent rendre compte ni les réflexions sur la démocratie ni les programmes. C'est une dimension plus intérieure : celle qui fait appel à la conscience des citoyens et des animateurs du débat public.

Les hommes de conscience, conscience de citoyen et de père de famille, ne sont pas déplacés dans le monde politique. Au contraire, chaque fois que les temps deviennent graves, cette dimension intime et personnelle appelle sur eux la confiance. Dans les temps graves, ce sont les joueurs et les cyniques qui disparaissent de la scène, et si l'on y réfléchit, rien n'est plus logique.

Il y a dans la question de la vérité en politique un appel à ces hommes de conscience qui, au-delà d'une juste vision du réel, au-delà des institutions, auront la charge, tôt ou tard, et plutôt plus tôt que plus tard, du destin à reconstruire de notre pays.

Lorsque ce livre sera lu, je recevrai à coup sûr une objection attendue : ces hommes auxquels vous vous référez, ces Mendès et ces Barre, ils n'ont jamais gagné ! Vos modèles, ce sont des perdants !

Il est vrai qu'ils ont perdu, ces deux-là, en tout cas, dans l'ordre électoral. Et il est des gens pour croire que la politique se limite à l'ordre électoral, les victoires, les défaites, les applaudissements dans un cas, les haussements d'épaules méprisants dans l'autre. Mais la politique n'est pas principalement d'ordre électoral. Les victoires électorales sont fugaces, et si l'on ne sait rien en faire, elles ne servent à rien, qu'à offrir à ceux qui en cueillent les provisoires lauriers une éphémère vanité. La politique est principalement, du moins à mes yeux, d'ordre civique. Le peuple français se sera-t-il trouvé du fait de l'action de ces hommes plus conscient, plus citoyen, plus mûr ? Mieux armé pour ses choix collectifs ? Il est évident qu'ils ont brillamment gagné dans l'ordre civique, faute de victoires immédiates dans l'ordre électoral ! La preuve, c'est que nous parlons d'eux, et d'eux seuls en cette deuxième décennie du XXIe siècle, et pas des vainqueurs apparents de l'époque, les Laniel, les Guy Mollet ou les Félix Gaillard.

C'est déjà une victoire.

Mais il y a plus : voyez où nous ont conduits, en vingt ou trente années d'exercice, les efforts de tous les cyniques ! Regardez notre pays ! Peut-on imaginer tableau plus accablant de l'incapacité des politiques qui se jugeaient eux-mêmes comme les plus habiles ? Ils ont truandé à qui mieux mieux l'électeur naïf. Ils ont truqué la réalité, multiplié les promesses pour prendre le pouvoir, et de ce pouvoir corrompu dès son origine par la fraude dont il est issu, qu'ont-ils fait ? Rien. La France est le pays du monde où les gouvernants ont le plus de pouvoir, et celui, probablement, où l'on doit constater que le pouvoir est le plus impuissant.

Donc le modèle que tous les malins et tous les habiles veulent nous vendre comme le modèle par excellence : gagnez le pouvoir d'abord, et après, quand vous aurez les manettes en main, alors vous pourrez faire ce que vous voulez, ce modèle ne marche pas. Faute d'être fondé sur un contrat de vérité, c'est le modèle même de l'impuissance collective !

Il va donc falloir changer de modèle, contraints et forcés. Ce sera l'avènement des politiques puissants, ceux qui peuvent entraîner le peuple citoyen puisqu'ils partageront avec lui le contrat de vérité.

L'adhésion du peuple citoyen rendra enfin l'action possible.

La seule chose sur laquelle j'ai un doute est celle-ci : est-ce que l'avènement du parti de la vérité sera la prochaine étape, très vite, ou seulement l'étape ultérieure après une de ces grandes secousses dont notre pays est coutumier, au prix, par exemple, d'une vague d'extrêmes pour ensevelir les ruines de ces politiques épuisées ?

Je n'ai pas encore la réponse à cette question. Je vois bien des raisons de craindre. Et cependant je crois toujours que le pire n'est pas fatal, et je me battrai, avec tous ceux qui se reconnaissent dans ce combat, pour éviter un tel accident historique.

Quoi qu'il en soit, j'en ai la certitude, il faudra peu de mois, peu d'années pour que s'impose, aussi bien pour les gouvernants que pour nos institutions, le grand changement que les temps portent : le retour, ou l'avènement, du parti de la vérité pour que notre peuple soit rendu à ses droits de citoyen. Seul chemin pour être gouverné, seul chemin pour se gouverner, efficacement et heureusement. Ce qui nous changera des années pourries.

Table

Composition et mise en page

NORD COMPO
multimédia

Impression réalisée par

CPI
BRODARD & TAUPIN

La Flèche (Sarthe)
en février 2013

N° d'impression : 70741